認知症開花支援

Ninchisho-KaikaShien……Wada Yukio

和田行男

中央法規

一番後ろにくっついて
重く長い
貨物列車を後追し
さりげなく
脇役を務める
後補機
ぼくもこいつのように
さりげなく
婆さんたちを
支援したい

機関車

機関車とは機関をもつ車のことである
機関は、蒸気・ディーゼル・電気であり
動力である
機関車は自分だけでは仕事はできない
機関車が動いても機関車が動いているにしか過ぎない
機関車の仕事は引く・押すことにある
何を引くか・押すか
客車や貨車である
客車は人を乗せる車だが自力では動けない
貨車は物を載せる車だが自力では動かない
機関車に引っ張ってもらい・押してもらい
その仕事を果たすことができる
機関車は客車や貨車が仕事を果たせるように
仕事を果たすのだ
機関車には機関車の仕事があり
客車には客車

貨車には貨車としての仕事がある
でもそれぞれがそれぞれでは仕事はできない
機関車と客車が手をつないでこそ
機関車と貨車が手をつないでこそ
仕事を果たすことができ
多くの人の悦びとなるのだ
機関車も客車も貨車も単なるモノにしか過ぎないが
そのモノも者たちによって生き物となり
生きているからこそ活きた仕事ができる
また
機関車を2台3台と増やせば
運ぶスピードや量を変えることができ
客車もつくりを変えれば、旅館になり、レストランになり、銭湯にもなる
貨車だって、家畜、戦車、石油、サーカス丸ごとを運べるのだ
モノは者によって変幻自在に仕事の量と質を変える
懐の深さ・広さをもっているが
それも人と織り成してこそ開花できる
婆さん支援も同じ
僕の仕事も同じである

人に非ず

僕が小学校高学年のころに住んでいたアパートは六畳一間だった。もちろん玄関やトイレ共有の〝共同アパート〟というやつだ。最近では、下町でさえ見かけなくなった。有名な共同アパートには、手塚治虫など若き日の漫画家たちが住んでいた「トキワ荘」なんていうのもあった。

母子三人が暮らすこの小さなアパートに、居候《いそうろう》のお姉ちゃんがいた。20歳前後だったと思うが、母親が事務職として勤めていた市場の肉屋の看板娘だった。とっても快活でべっぴんさんだった。お姉ちゃんを見ていると何となくドキドキしていた(思春期だったからな)ことが、記憶にハッキリと残っている。

ある日、そのお姉ちゃんが泣いていた。僕らの目をはばかることなく、母親の胸でワンワンと泣いているのだ。その時は何事があったのか知る由もなかったが、あとから母親に聞くと、結婚が破談になったとのこと。僕の脳裏に焼き付いて離れないのはその理由である。

お姉ちゃんは、ある県のある市出身なのだが、結婚話がすすむにつれて、「被差別部落の出身」という理由で相手側が破談を宣告してきたのだ。

もう40年ぐらい前の話であり、今の人たちに「部落」って言ってもわからないかもしれないが、江戸時代までは士農工商・エタ・ヒニンという身分制度があったようだ。エタ・ヒニンと決めつけられた人々が暮らす町…それを「被差別部落」などと呼び、出身地が「被差別部落」地域だということだけで結婚を許されない時代があったのだ。

いや、今でもひょっとしたらその名残りによって苦しんでいる人たちがいるかもしれない。現在進行形かも…。

僕が国鉄で仕事をしながらライフワークのように取り組んでいたのが組合活動だった。僕は国鉄労働組合（国労）という、当時としては超マンモス組合（35万人ぐらいはいた）に所属していた。

国鉄を民営化する国家施策の中で、それに反対する国労は目の上のたんこぶ。僕はそこに所属してライフワークのように取り組んでいたのだから、目の上のたんこぶも格が違ったのだろう。国労に所属しているという理由だけで、正規の職務からはずされた。決して一般的な人たちと違った行動を引き起こしていたわけではない。自分の信念を貫いて国労に所属し、民営化に公然と反対していただけだ。思想・信条の自由なんてどこ吹く風である。

先日、愛媛県のある町で取り組まれた「人権」を考える市民向けの催しの冒頭で「この国の憲法には、『何人も』『すべて国民は』などの言葉で国民の人権を保障した条文がある。決して認知症という状態にある人は除く、身体に障害をもっている人は除くとは書いていないが、本当に婆さんに保障しているだろうか?」と聴衆に切り出した。聴衆の中には行政マンやケアの専門職もいた。

憲法下で保障された「国民の権利」によって今の自分が守られていることを考えれば、守られている自分たちだからこそ守ってあげなければならない、国民としての権利。婆さんたちは自分の力では守れないし、守るために抵抗できないのだ。

僕の婆さん支援の基本は、差別や選別の思想とのたたかいである。利用者本位とか認知症ケアだとか尊厳などを語る前に、改めて日本国憲法を見開き、僕らの専門性について違った角度から考えてみてはどうだろうか。すると、認知症の人という言い方そのものまで「人に非ず扱い」しているのではないかという疑念が湧いてくるから。

日本国憲法
第三章 国民の権利及び義務
第14条 法の下の平等、貴族制度の否認、栄典の限界
すべて国民は、法の下に平等であって、
人権、信条、性別、社会的身分又は門地により、
政治的、経済的又は社会的関係において、差別されない。

第18条 奴隷的拘束及び苦役からの自由
何人も、いかなる奴隷的拘束も受けない。
又、犯罪に因る処罰の場合を除いては、その意に反する苦役に服させられない。
第25条 生存権
すべて国民は、健康で文化的な最低限度の生活を営む権利を有する。
2 国は、すべての生活部面について、社会福祉、社会保障及び公衆衛生の向上及び増進に努めなければならない。

重い言葉である。

認知症開花支援◆目次

生活支援考

偏見や差別とのたたかい

起こり得るを養う

和田行男語録

装幀✦日下充典
本文デザイン✦KUSAKAHOUSE

生活支援考

闘論

自分の中にいったい何人の自分がいるだろう。数えたことはないが、一度に数人の自分がディベートしていることがある。あれかこれかのどちらを買うかといった身近なことから、会議などで他者とディベートをしながら自身の中でも数人の自分とディベートしていることもある。

僕は自分の中にいる何人もの自分と会うのが好きなのだが、何人もの自分を相手にするのは疲れるし、嫌気もさしてくる。いい加減、一人の自分になってくれよ！　と思う時もあるが、ひとりっきりになると寂しくて苦しむのかもしれない。

こうした僕の性格は面倒なのだが、婆さん支援には確実に活きている。

例えば、職員が気づかない間に施設から外出してしまい行方不明になった婆さんのことを自分自身に問いかけると、一人の僕は「職員が気づけないこと」を課題にして「どうしたら気づける職員になれるか」という思考を始める。

もう一人の自分は、「職員に気づかれないように抜け出した婆さんの能力」について語り始め、「気づけなかった職員の能力の低さを課題とするだけでなく、気づかれないように抜け出した婆さんの能力の高さを認めることが大事ではないか」と語り出す。

またもう一人の自分は、「職員は気づいていたのだが、わざと見逃したのではないか」と言い始め、憲法には「何人も、いかなる奴隷的拘束も受けないと書いてある」し、とまた違う自分が語り出すといった具合である。

この例は、一つの答えを出す必要がないからまだいい。一つの答えを出さなければならないとなると、かなり面倒なことが起こる。どういうことかというと、瞬間的に頭の中で多数の自分がディベートを起こし、それに審判を下す自分がいて、その答えを決める＝結論を出すのだが、決めた答えに対して、決めた後もディベートする奴らがいるからである。

出した答えに向かってすでに自分が動き出しているにもかかわらず、それを邪魔するかのように「ほんまにそれでいいのか」と脅す奴や「君の決めた答えはここに問題がある」と冷徹に論ずる奴もいる。行動を始めた身体とそれに指示を出している脳ちゃん、その脳に逆らうかのようにディベートをふっかけてくるこれまた同じ脳ちゃんが同居しているのだから、疲れるのも当たり前。いや、僕の場合の「疲れる」は「憑《つ》かれる」なのだ。

こんなふうに言うと「多方面から物事を考えていくことができる人」と思われるかもしれないが、いろんな角度から一人の自分が考えているのではなく、何人もの自分が自分の中にいるから、当たり前のように見方・考え方の違いが自分自身の中に生まれてくるのだ。つまり、多方面から思考できる優秀なひとりの自分がいるわけではなく、まさに寄らば文殊の知恵というやつであり、「寄らば文殊の知恵だと思考する自分」がいる限りは人様の前で語らせてもらってもいいかなと思っている。

やっぱり「脳を寄せ合うこと」が大事であり、しかも集めるだけではダメで、語り合うことであり、論（脳）を闘わせる（響き合わせる）ことである。

開花支援

よくこの世界で聞く言葉に「生活歴」がある。これは、和田がこれまでどんな生き方をしてきたかということで、まさに和田さんの生活史ということだ。

認知症ケアで大事なことは何かと問われて「生活歴を知ること」とか「生活歴に基づいて」とかいう人が大勢いるが、本当にそれでいいのだろうか。

『大逆転の痴呆ケア』［中央法規］でも書いたが、再び問題提起してみたい。

認知症という状態ではないが生活支援を要する人（要介護状態にある者など）で自分の意思を表わすことができる人の場合、その人の意思が自己決定されていると考えられるため、それを尊重して支援していくことになる。

その意味では、支援者の支援策は「利用者本意（その人の意思や気持ち）」に陥りやすい側面をはらんではいるが、誰の目にもわかりやすい支援策ではある（これにはこれの課題があるが、今回の本題ではないのでここまでしか触れない）。

ところが、意思を明らかにすることができなくなっている人やそれが曖昧になっている状態の人などの場合は、支援者が「かもしれない」とか「だろう」と憶測ですすめざるを得なくなる。

それも「利用者本位（その人を中心にして）」ということではあるが、それは根拠なく「かもしれない」とか「だろう」ということだけでは支援者側の意思を全面的に押し付けることになりかねないため、憶測の根拠を「これまでどう生きてきたか＝生活歴」において支援していこうという考え方である。

つまり、過去にこういう歴史をたどってきた人だから、認知症で今の自分を表現できなくなっている・あるいはできていても曖昧である以上、その人を支援する時には「過去のその人」で憶測して支援していくことが大事だということだ。

これは、支援される側の〝本人本位・本意〟を何ら考えもせず、〝支援者本位・本意〟を押し付けていたことに比べれば格段の進歩的支援策であり、そのことには何も口を挿むものではないが、僕にはどうしても解せないことがある。

それは、生活歴は「過去の自分」であって「今の自分」や「これからの自分」ではないということであり、生活歴に基づいた支援は、その人を生活史に閉じ込めて「挑み」という新しい自分史へのチャレンジの機会を奪ってしまいかねないということだ。

あわせて、周りが知っているその人の歴史だけをもって「その人らしい」という姿に閉じ込めようとしかねないのだ。

つまり、認知症という状態になったら過去の自分の枠を超える支援をしてもらえないということになりかねないのだ。

あるグループホームに入居してきた婆さんは、医師をしてきた独身女性。身の回りのすべてを雇いの家政婦等に委ねてきた。認知症になってグループホームに入居した頃、他の入居者が行っていた調理の光景を見て「私はできません」と言って居室に籠《こも》っていたのだが、職員たちの地道な働きかけで調理に参加するようになり、「皆さんとこうしてご一緒できて楽しいわ」と言うほどに変化した。

また、あるグループホームに入居してきた元社長の男性は、家事にはまったく見向きもしなかったが、他の男性も含めて周りの人たちが動きまわっているのを見て、自分も何か手伝おうと皿拭きをやり始めた。それも職員に、入居者同士が互いに助け合って生きる姿の描きがあって、間接的なものを含めた働きかけがあればこそ実現した姿である。

これはとてもわかりやすい例だが、こんな話はグループホームではよく聞く話だ。この人たちの生活歴に「家事をする姿」はなく、家事をしている姿は「その人らしくない」姿である。「生活歴に基づいた」という人たちは、この人たちの最初の言動「私にはできません」「見向きもしない姿」を突破してまで職員が働きかけるのは「やりたくないと言っているのを無理にさせている」「やったことのないことをさせようとしている」ことにほかならず、それは「虐待だ」ぐらいの発想でものを申されるかもしれない。

でも人は変化できる生き物であり、認知症になっても人を失うわけではなく、その変化する人への信頼をもっているからこそ支援者として「挑む」わけで、挑みはやみくもに・画一的に行うのではなく、挑みには専門性があるのだ。

聖路加国際病院理事長・名誉院長の日野原重明さんは「新老人」を提唱しているが[＊]、その理屈は明瞭で、脳の力（脳力とする）のほとんどに出会わないで死んでしまうのはもったいない。だから、75歳を超えたら今まで出会ったこともない自分に出会おう！と呼びかけている（間違っていたら、すいません）。

日野原さんは医師であり、医師の専門性をもって脳への挑みを推奨しているのだと僕は考えているが、それには大賛成である。

自分の中の可能性は、自分の知っている自分を超えるのは当たり前で、超えた自分も自分なのだ。ただ、自分も周りもそれに気づけていなかった・知らなかっただけのこと。

新老人の会の中には、音楽なんて大嫌いで音痴だと思い込んでいた人がチェロの演奏に挑んだりしているそうだが、その人が挑む前に認知症になって生活歴を拾い集められると「音痴で音楽に興味・関心なし」ということになってしまい、きっと周りはチェロ演奏支援にたどりつけず、その人の秘めた才能（能力）を花開かせることなく脳死させてしまうだろう。

それはそれで間違った支援ではないが、最期まで〝人間らしく〟とか〝人として〟とか〝生きることを支える〟とか言っていながら、人間の可能性を封印しかねない「生活歴閉じ込め型支援」は正しいとは思えない。

今まで経験したこともない認知症という状態は、自分の生活史にはない新しい自分体験だが、過去の自分だけで対処しているのではなく、新しい体験などを取り込んで生きていることを忘れてはならない。

認知症になったからといって、脳はすべての能力を失うわけではないのだから。


初めて出会う人に支援をしていこうとするとき、どうやってかかわってよいのかわからないから、生活歴を糸口に（頼りに）していくことや、その人の言動を「どうして?」って考える時に生活史をひも解いたりするのは当たり前のことで、とても大事な支援策である。

でも、その人の未来を描こうともせず、挑むこともなく、脳を使ってもらうこともなく、生活を支えるという理念もなく、ただ婆さんを集めてきて収容・保護（拉致・監禁）するエセ専門職たちが、「生活歴が大事」とばかりに家族から聞きまくって、本人にしてみれば・自分が認知症でなければずっと話さずにいた、知られたくない過去の自分まで穿《ほじく》り回す「生活歴マニア」とは、大論議が必要だ。

生活史を知るのは「今と未来を生きるため」であって、「過去を再現するため」ではない。生活史を集めるのではなく、生活史を今とこれからを生きることに活かすことが大事なのだ。最期まで「人として開花支援」をしていきたいものだ。

＊**新老人の会**
「日本の過去のよき文化や習慣を家庭や社会に伝達し、次の世代を引き継ぐものがより健やかに成長することを育成する役割を担う」ことなどを目的に、講演会や行事などを開催する団体。日野原重明さんが会長を務める。

生活支援考1

自立支援だと叫ばれ出して、「生活支援」とか「生きること支援」など、さまざまに「生活」がキーワード化され、クローズアップされてきている。生活という言葉は幅広いように思えるが、これも突き詰めればわかりやすく、それを支援するというのも難しい概念ではない。
難しくしているのは自分の中にもいる「専門家」だけで、頭から生活を眺めるのをちょっと脇に置いて、人々の生きる姿から生活を思い描き、その支援を考えてみてはどうだろうか。

グループホームが制度上草創期の頃、あるところから認知症グループホーム・セミナーの講師依頼があり、喋りに行った。僕ともう一人、別のグループホームの管理者が話すというセミナーだった。

控え室でもう一人の資料をいただき、それをパラパラめくりながら出番を待っていたのだが、その資料に週間予定の日課表があった。それを見ていると、表の中に週に2回だか3回「食事づくり」というのがあったので聞いてみると、1週間の予定行事として、食事を作ることに婆さんが参画できる日が設けられていたのだ。食事は一般的には1日3食・1週間で21回の機会があるが、そのうちの2、3食のみに婆さんがかかわり、それ以外は厨房で作ってきたものを食べさせているというのだ。

そこのグループホームでは「食事を作ること」は日常生活上の行為ではなく、非日常生活上の行為ということになるのだが、どうにも僕的にはしっくりこなかった。

僕は、「食事を作る＝調達する」という行為は日常生活上欠かせないことであり、認知症になるまで当たり前のようにしていたことだから、認知症になってもできるなら自分で・自分たちでするほうが当たり前だととらえ、そのことが成せるように応援していた。それは何も食事だけのことではなく、風呂も決められた曜日の決められた時間にしか入れない・入らさないのではなく、可能な限り毎日のように、しかも寝る前に入れるように応援していたし、出ていきたいときに出ていけるように、玄関に施錠をしなかった。

そうしたことは日常生活のごく当たり前の感覚から、より日常生活に近い生活を送ることができるように専門的見地や実践力で応援していたということだ。つまり、日常生活をごく当たり前に送っていた人が当たり前のように送れなくなり、結果として24時間専門職がいる場所（特養やグループホーム）に移り住まわされただけのことであって、移り住んだ人＝何もできなくなった人とは違う。だから「できない」を前提に考えるのではなく、「できるのか、できないのかを見極める」ことによって、「必要な支援は何か」と考えていくことが仕事であり、それが僕らの専門性の一つだからである。

だとしたら、週に2、3回しか日常生活上欠かせない食事を作る（調達する）ことがないシステムは、「2、3回なら機会を与えてもよい」と考えているか「2、3回しかできない能力だと決めつけている」か、いずれにしても「本人のそれまでの生活を考えて」「本人の能力に応じて支援する」というような、人間としての生活を継続できるように応援するという自立的・主体的な生活の継続に向けた「支援」の考え方ではなく、「認知症があるのだからあなたのことは私に任せておきなさい、悪いようにはしないから」といった保護（者）的な生活への転換を基本に置いた考え方だといえるのではないか。

　僕はどっちでもいいとは思っているが、少なくとも後者は「生活支援」とか「生きることを支援する」とか「自立支援」とかといったこととは違うんだということを明らかにしてもらえればよいのではないか。どっちも同じような言葉を使うとわかりにくいし、本質が曖昧にされてしまう。僕なら「ホテル並み生活への転換をさせるのが僕の仕事です」と宣言する。

　つまり、与えられた食を与えられたままに食べている人は、食を自分で調達できない状態にあるか、調達できても調達させてもらえない状況に置かれているかのどちらかであり、一般的な人間の生きる姿とは違うということだ。前者の代表選手は「乳幼児」であり、後者の代表選手は「病院にいる病人」であり「刑務所にいる囚人」である。

　よく夫という立場にいる人の中に「俺は嫁さんに食を与えられている」と言う人がいるが、自分もそのために働いていることを忘れた発言だ。この国のほか、資本主義国でも社会主義国でも、政治・経済体制の如何《いかん》にかかわらず、食に必要なものとお金を交換する社会にいる者は、食うために「労働」する。食に必要なものを自力で調達する社会にいる者は「耕す・狩る」をするのだ。だまっていて・じっとしていては食にはありつけないのが「ふつう」のことであり、それが「ふつうの生活者の姿」である。その「ふつうの姿」が壊れる要因の一つに認知症がある。

　だから僕らは認知症のことを知ろうとする・理解に努めようとすることで、認知症があっても「ふつうの姿」に戻れないかと考えるし、そのためにさまざまな手立てを編み出し実行する。生活支援とは、ただそれだけのことである。

それだけのことがとても難しいのは、生活の主体は本人しかいないからであり、その本人になりかわれないし代弁できない、支えるといえるほど物理的に支え手がないからだ。そのことを合理化して「生活支援」を語ると、人間が一般的に生きている姿から遠いところへ追いやっても、その違いに気づけないようになるのではないか。それを専門バカというのかもしれない。

また、このセミナーに来ていた、これからグループホームをやろうとしている人からもらっ

た「犬を飼うことが痴呆老人には効果があると聞いたが、なぜ和田さんのところでは飼わないのか」という質問にはたまげたが、その当時のこの国における支援策の到達点だと認識した。つまり、認知症によいと思えることをするところがグループホームであるというとらえ方が一般的だったように思う。だから「食事づくり」も普通の生活行為ではなく、認知症に効果があるプログラムということになってしまうのだと。

僕は、グループホームや特養は、認知症になっても生活を主体的に送ることができる支援策の一つだと考えている。もっとわかりやすくいえば眼鏡のようなもので、眼鏡は目を治す道具ではなく、目が一般的な状態でなくなっても眼鏡があることで一般的な姿で生活できる自助具だということだが、それと同じだと考えている。僕は、専門バカにならないように「ふつうの感覚」を忘れないようにしたい。

生活支援考2

人の生活はいろいろだとか、千差万別、十人十色、さまざまだと表現すると、何となくそう思え、共感や合意形成しやすい魔力をもっている。でも人の生活行動はいろいろのように見えていることも、詰めていくとそこには明らかに共通点があることがわかる。

氷山の一角ほどの一例を挙げるが、渋谷や新宿など多くの人が集まるところに行けばすぐわかる。みんな服を着て歩いている。少なくとも僕が知っている限りにおいては、地球上で服を着ていないヒトのほうが圧倒的に少ない。

つまり「服を着て過ごす」という生活行動の共通点があるということだ。そしてそれを前提にして、その服を調達するにあたり、自分でたくさんの選択肢の中から選択権を行使した結果、着衣している服装が、多様・いろいろになっているということだ。

人が大事にしていることも一人ひとり違うだろう。そのとおりだと思う。でも「大事にしていることをもっている」という共通点を見出すことができるのではないか。

こだわりなんかは典型的で、人によって何に・どんなふうにこだわっているかは違っても、こだわりをもっているという共通点を見出せるということだ。だから、こだわっている者同士がこだわっている「こと」には共感できなくても、こだわりを「もつ」ことには共感できるのもうなずける（枝の話…ただし、こだわりに対立を生む要素があると、同じようにこだわっている者がこだわりそのものを否定しかねない。宗教などはその部類に陥りやすいようだ）。

こうして考えていくと、服を着て過ごす、入浴では服を着ない、寝るときは服を着替える、服が汚れれば着替えるのが一般的な日本人の生きる姿だといえ、それを「ふつう」と置き換えても差し支えないのではないかということだ。それを「どんな服装をするか」という「選択としてのいろいろ」までを含めて、生活行動はさまざまといって「ふつう」を曖昧にしてしまうと、ものの尺度がわからなくなってくる。どんな服装であろうが、「服をまとう」という生活行動の共通点を「ふつう」ととらえて、そのふつうの姿で生きていけるように応援することを生活支援というのではないか。

そうやって「ふつう」を追いかける思考を「本位で考えること」といい、どの服装にするかにその人の意思が反映されるようにすることを「本意に基づいて」という。

僕ら、人が生きることを支援する職業人として大切なことは、「ふつう」というものさしをもつことであり、その「ふつう」を追求し、婆さん支援で追求することではないか。誤解されないために書いておくが、服を着ないで過ごす人・入浴中も服を着て入る人・寝る時も着替えないでそのまま寝る人、汚れたままの服を着続ける人は、一般的な姿とは一線を画す姿をする人ではあるが、一般的ではないからといって、人でないということではないことも付け加えておきたい。

あらためて

僕が支援者として目指すべき「支援を受ける者の生きる姿」は、特養で生きる人の姿ではなく、グループホームで生きる人の姿でもなく、自宅で生きる人の姿でもない。つまり生きる場所がどこであれ、人間として、この国の民として生きる姿を目指してきたし、目指していく。それが僕の専門性の追求であり、(制度など)社会の到達点に翻弄されない「軸」である。

この世に誕生したとき、「自分の意思を行動に移し、やり遂げられる人」はいない。また、自分の意思を伝える手段はごく限られていた。

両親はその子を育むにあたって、どんな姿を目指すのだろうか。ブランド物をまとい、超高級自動車を乗り回し、グルメ三昧の人を目指すのだろうか。もちろんそんなことを描く親もいるだろうが、その親だってそのための基本を大切にするだろう。

「自分のことが自分でできる姿」「人と人が互いの関係を織りなし」「社会とつながって生きる姿」「自分の意思を行動に移すことができ、やり遂げられる姿」を目指さないだろうか。だから、見て聞いて感じて・喜怒哀楽を表わすようになると喜び、ハイハイができ歩けるようになると喜び、できなかったことやわからなかったことができるようになり、わかるようになると喜ぶ。

子どもが自立した日常生活を営むことができるように、自分でごはんが食べられるように、トイレで排泄できるように、読み書きできるように、社会に出て生きていけるように応援するだろう。それはどこの行政区であろうが、山村であろうが漁村であろうが農村であろうが限界集落であろうが大都会であろうが、自宅であろうが施設であろうが、実の親であろうが育ての親であろうが施設の職員であろうが、それを「ふつうのこと」として子を育まないだろうか。

その姿が「この国で一般的な人が生きる姿」だとしたら、たとえ障害をもって産まれてその姿にまで辿りつけなくても、たとえ障害をもってその姿を継続できなくなっても、そのことを尊重すること、それが「人として生きることを支える」ということではないだろうか。

あらためて僕らの世界（介護業界とでも言いましょうか）における支援を考えると、どこでも目指すべき人が生きる姿は同じはずなのに、同じと思えないところに、この国の貧しさ、専門性の低さがあるように思える。

「有する能力に応じ自立した日常生活を営むことができるよう」〔介護保険法第1条〕と明記されたこの国の支援の理念とも言うべき文言が、どこでも実践的に貫かれるようにしたいし、この国が掲げる理念まで、制度も専門性も引き上げなければならない。

そのためには、ステージはどこであろうが、目の前にいる人々に向かってその姿を掲げて一生懸命取り組むこと、矛盾を解き明かすこと、それを社会に投げかけること、そのための仲間をひとりでも多くつくること。嘆いているだけでは動かない、情緒的な言葉を吐くだけでは響かない、学問を積むだけでは変えられないのだから。

己がする

僕の話を聞いてくれた人から「元気が出ました」とか「見えてきました」といったポジティブな感想をいただくことが多いのだが、僕自身は他人に伝えながらびびっている。それは僕の話が「罪づくり」でもあるからだ。

講演が終わったあと「お話にあったような施設にしたいです」と泣きながら話しかけてくれた人がいたが、その人から「○○市の講演会で泣いてしまったワカ（仮称）といいます。昔ながらのやり方が残る今の施設でも、変わることはできるんでしょうか？　悩んでいます…」というメールが届いた。

僕の描いていることを読まなければ・話を聞かなければそんなふうに思わずに過ごせたか

もしれない。あの婆さんたちの映像（講演会で流すVTR）を見なければ、悩むまで思いをめぐらすことはなかったかもしれないと。

たとえば、この国で生きる人には選択肢があり、選択権を行使できることがふつうのこと。ところが施設を利用すると選択肢がなくなり、選択権が行使できなくなる。その典型例が「食」で、食に意思は反映されず、意思が反映されない食は餌と同じになってしまう。だから「なに食べる?」と選択肢を広げて意思を聞き（選択権の行使）、餌にならないようにした。同じように支援者が、「どれ着る?」「起きる?」「やる?」「行く?」と、支援を受ける状態とはいえ〝生きることの主人公〟に聞くのは当たり前であり、普通のことをした。それを無理だ・おかしいと言うのは、言っているほうが無茶でおかしい。

なんて話すと、一般市民には「ふつうのことだ」と思ってもらえても、介護の世界ではなんやかんやと理由づけをされて、ふつうじゃないことを言う人・する人にされてしまう。それはそもそも、この世界に「選択肢がある」とか「選択する権利がある」なんていう発想がないのが普通だからである。

だから僕の話を「ふつうのこと」と感じる人は、僕が矛盾を感じてふつうに戻すようにしていることに共感できるからで、共感したがために現実とのギャップまで背負いこみ、「それは無理なこと・おかしなこと思考陣営」との狭間で苦しむことになるのだ。

でも結論からいえば、どんな施設であれ変わっていく。変わらざるを得なくなる。ただしそのスピードは、施設によって地域によって差はあるとは思うけど、人類史数百万年からみれば大した差ではない。それは多くの人たちが言っているように、過去を振り返れば一目瞭然だ。

田邊順一さんという写真家が、40年ほど前から施設の光景を撮影し続けているが、それを見ると、今しか知らない人でもよくわかる。

僕が田邊さんに初めて会わせてもらった時に『老い—貧しき高齢社会を生きる』〔平凡社、1985年、絶版〕という写真集を見ながら話を伺ったが、その写真集の中にあった、何もない空虚な部屋にふとんがポツンと置かれ、部屋の隅に囲いもない和式便所があるという、映画で観た刑務所さながらの老人ホームの写真は、当時最先端の個室型施設だったそうだ。〔35頁参照〕

僕はこの業界に入って22年目だが、僕の知っている限りでも、廊下に並べられたベッドは見かけなくなり、そのベッド上で下半身を露《あら》わにされオムツを替えられている光景は見かけなくなり、男は水色上下・女はピンク上下のジャージ姿という光景は見かけなくなったなど、書けばきりがないほど「非人間的な光景」はなくなってきているのではないか。

今だけを見れば変わってきていることにｉｎｇ（進行形）を感じられないかもしれないが、過去と比すると、変わってきたことからｉｎｇを感じ取ることができる。でも、まだまだである。

時間がきたら起こされ、時間がきたら餌を与えられ、決められた曜日がくるまで風呂にも入れず、何を着たいのか聞いてもくれずに与えられた服を着せられ、1日中箱の中に閉じ込められているなどは普通のことで、課題は腐るほどある。でもそれは誰の問題でもなく「我が国の介護」そのものが抱えている社会の到達点からくる社会的な問題でもあるのだから、自分や自分の施設の職員たちだけを責めるようなことではない。

でもそういった一つひとつのことに矛盾を感じ、限られた資源の中であってもぎりぎりのコストをかけて解決しようと、経営者・専門職が一体になって取り組んでいる施設があるのも事実であり、それをほんのひとにぎりの変わり者軍の仕業ととらえるか、世の潮流の先駆者ととらえるかは人それぞれではある。

そんな中でワカさんは「昔ながらのやり方」とは違うものを求め始めたということであり、どうすればよいのかわからず悩んで他人にアドバイスを求めたということなのだろう。僕ではきちんと応えられないと思うが、僕流思考でその解決策を三つ提案したい。

一つは、「自らが昔ながらのやり方〝変革〟者」になる道である。この道は長く厳しい道のりになるかもしれないし、一人では決して挑めない道なので、仲間が不可欠である。つまり、一番厳しく困難な道なのだ。人を信じていかなければ仲間はできないから、仲間になれるまでへこまされてもとことん信頼をおくという覚悟がいる。

一つは、「自らを変革者がいる環境におく」という道である。この道はある種バクチの道になるやもしれない。その人を変革者だと思い慕って寄っても、同じ描きをもっているかど

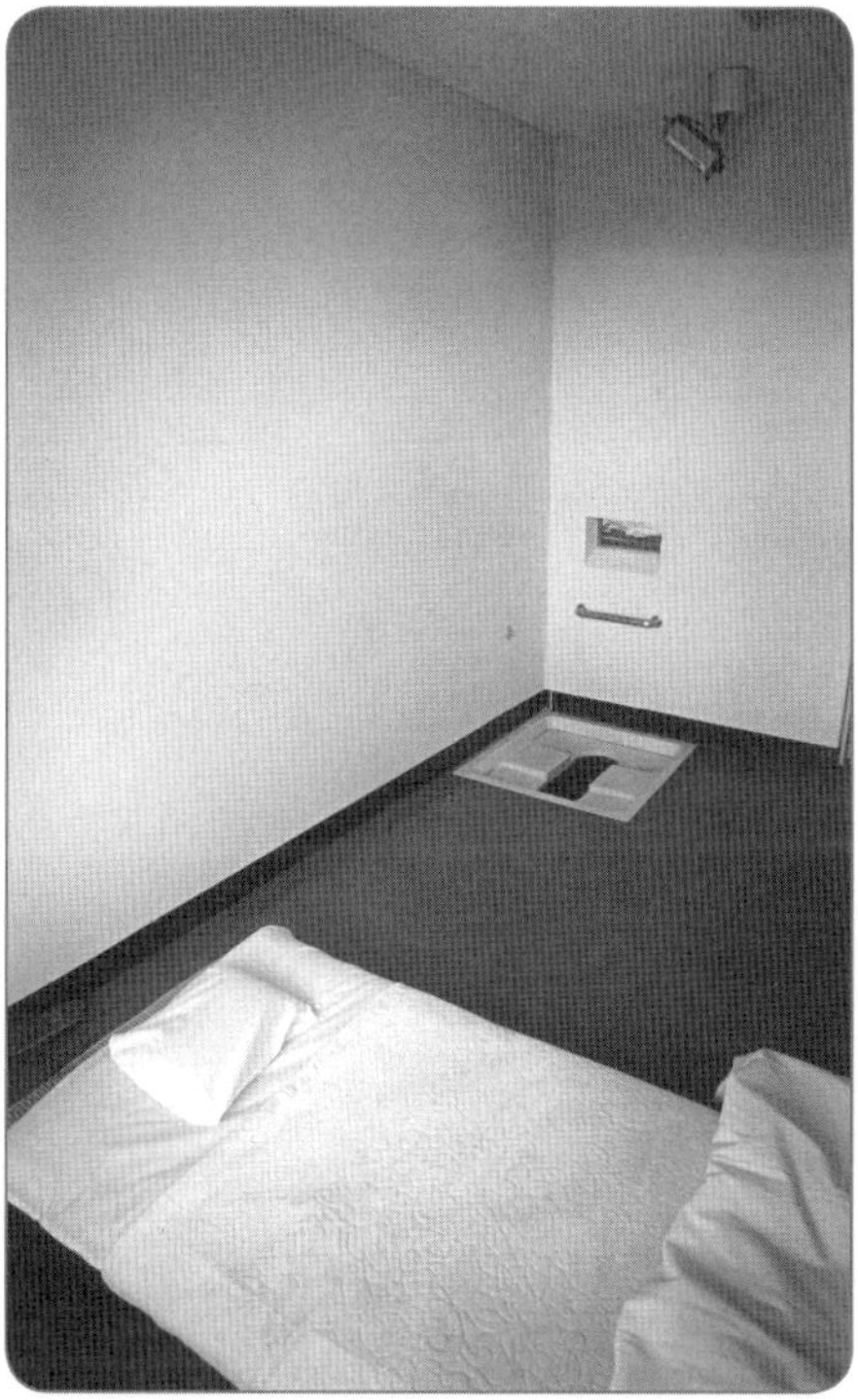

写真提供✦田邊順一

うかといえば「?」で、当たればいいが当たらないと再びダウンしてしまい、新しい環境を求めることになりかねない。この道は、結果はどうあれ決して他人のせいにしない決意が必要で、それがないと自分の価値を下げてしまうことを覚悟すべきである。

一つは、「昔ながらのやり方変革の風が吹くまで待つ」という道である。この道は楽なのだが、他人頼りなので時間が読めない。志半ばで挫折し、自らが昔のやり方実践信奉者に化してしまうことも予測できるなど、描きに行き着けない覚悟がいる。

ワカさんがどう思おうが思わなかろうが、世は変わっていくもの。確実に変化するのは、世を形成する人間が確実に変わっていく生き物だからだろう。だとしたら、世は思い様。自分がどう思おうが変わっていくなら、自分に有る時間の限り思うようにやってみるといいのでは。三つの道のどれでもいい。それ以外の道でもいい。大事なことは悩むより考えることだ。

僕は学生のころから「悩みは平面、考えるはらせん階段」と思考してきた。平面において、同じ場所では景色の見え方が変わらないが（堂々めぐりとも言う）、らせん階段は同じ場所のように見えても周回を重ねるごとに高さを変えるから見える景色が変わってくるという思考だ。それに気づいたとしたら、事象を分解してみるといい。よりわかりやすくなる。

あるとき、一緒に働いていた事務員の女の子が「もう仕事の何もかもがいやになったから辞めようと思う」と言うのでしつこく追求すると、その根源は失恋だった。つまり、仕事での不満を「辞める」に結び付けた源は失恋で、まったく関係のない失恋と仕事をいっしょくたにして、失恋という一つの痛手をすべてに適用しているということだったのだ。

これは僕にも往々にしてあることなのだが、一つずつのことを冷静にひも解いていくと、失恋＝退職理由は理にかなっていないことに気づけたりする。その作業を自分でしていくということだ。

昔ながらのやり方は何が問題なのか、その問題はそこにいる人たちで共有できる客観的な問題なのか、その問題の源は何なのか、それは解決できる源なのか、解決できるとしたら解決への道筋の描きは、描いた道筋の検証は可能か、仲間は誰……というように、「昔ながらのやり方のダメな施設」と丸ごと評価しないで、しっかり分解してみることが大事である。

そうして思考していくと、とどのつまりは時間との勝負になるような気がする。つまり「時間をかけてでも」と思っても、自分の生に時間的制約があり不確実な生であることに気づけば、おのずと時間をかけることに価値を見出せなくなると、かける時間がもったいなくなってくるものだ。

つまり、今の施設で時間をかけてでも変革していこう。そのために仲間をつくろう。そのために一人ひとりと語り合おう。というように、時間に「かけ甲斐」を感じられるかどうかである。

それを感じられるときの要《かなめ》は「人」で、簡単にいえば「あの人がいるから何とかなるのではないか」と思える人がいるかどうかだ。その人は自分にとって「好き」などという評価の対象ではない人で、自分の「かけ甲斐」を裏づけるに値する人のことだ。ワカさんにとってその人がいるかどうかが、踏みとどまるかどうかの見極めの基準になるような気がする。

つまりのつまりは、こうして詰めていく作業をしていくと、誰もが他人に「変われるでしょうか」と聞くのは筋違いだといえ、変わろうが変わるまいが、すべては己にかかっているということで、その己の集まりが職場だということだから「己がする」以外に誰もしてくれないということになる。

あとはその己が自分だということに気づけるかどうか、その気づきをもつ〝勇気〟をもてるかどうか、その勇気を〝言う気〟に変えられるかどうか。そんなささやかなことの積み上げが「婆さんの生きる姿が変わった」を産み出し「変わったことを実感できる社会」を熟み出すのだろう。己の力でうめられる己《き》がする、そんな錯覚が成すのかもしれない。

ちから

入院先の医師より「もう余命数日」と宣告され、後見人も含め覚悟を決めてグループホームに戻ってきた婆さんだが、50日を超えた。まもなく91歳である。

入院先の医師より「もう口からは無理」と言われ、胃ろう造設をすすめられた婆さんは、入居しているグループホーム職員の顔を見て元気さを取り戻し、もう少し様子をみようということになった。まもなく80歳である。

これは別々のグループホームでの出来事だが、こうした話を聞くたびに想うのは、「人間の生きる力の源ってなんなんやろ」ということだ。

僕は、婆さんに何か起こったときは「内因」「外因」の両面から探るようにと話しているが、それはマイナスに対してだけではなく、プラスと思われることも「内因」「外因」からみるという考えをもっている。

内因とは字の如《ごと》く婆さんの内にある因子であり、大きくは心身に関することだ。外因とは婆さんを取り巻く因子で、大きくは環境だ。しかもこのふたつはバラバラにあるものではなく、互いに織り成し合う関係にあると考えている。

そう考えると、90歳の婆さんは「余命が数日」になっている原因が内にあり、その事実に基づいて医師は宣告してくれたのだが、その事実が間違っていたのではなく、今もその因子は消えてはいないと考えるほうが自然で、決してヤブ医者なんかではない(はず)。

その上で、環境が変わることによってその因子を抑える因子が内に出現し、いのちを永らえているのではないかと考えると、僕はスッキリする。

つまり職員は、婆さんをダメにした内の因子を消し去る超能力をもっていたのではなく、婆さんを「元気づける」内の因子を出現させることに成功したということだ。80歳の婆さんの場合もまったく同じだ。

これはあくまでも僕の思い込みなのだが、そう考えることによって「自分の仕事」が姿として見えてくるし、「自分たちの仕事の出来栄え」が見えると考えている。

水でも赤血球でも、外因によって形（結晶など）が変わるなんていう話もある。

でもこれは、よめない。

誰もがそうなれるとは限らず、極めて個別性に左右されるだろう。つまり婆さんによるということだ。しかも、誰もがそこがよいとは限らない、極めて環境との関係性に左右されるだろう。つまり、そのグループホームがよいとは限らないのだ。その支援者が誰にもよいとは限らないのだ。

ただ僕が思うには、「私は生きててもいいんや」とか「ここなら、この人たちと一緒なら生きていたい」とか「そこまでしてくれるんや」といったように、どんな状態になっても、どんな状況に陥っても、人として生きることを応援してくる外の因子に触れた時に「生きる力」が湧き出てくるのではないかということと、逆に「私なんて生きていたってしようがない」とか「ここは、この人たちは嫌」とか「そんなことをされるのか」といったように、人として生きることを諦めさせる外の因子に触れた時に「生きる力」は涸れ果てるのではないかということである。

それが、21年間にわたってふれあってきた婆さんたちから感じていることである。だから僕は、この仕事で飯を食い続ける限り、どんな状態になってもどんな状況下でも、生物学上人間の最大寿命といわれている115歳から120歳まで、人として生きられるように応援する外の因子でいたいと思ってきたし、今もそう思っている。

学問的には解明されているのかもしれないが、その学をもたない僕。でも、実感としてはある「生きる力」という得体のしれないものを、これからもずっと追いかけつづけていきたい。しかも学で追求するのではなく、実感のままに。

日本中の専門職たちが、「婆さんの生きること支援者」として応援できる外の因子になったら、もっと動きのある婆さんの姿があるだろうし、もっと感情を表出する婆さんの姿があるだろうし、もっと出歩く婆さんの姿が町にあふれてくるだろう。今はまだ「認知症をケアする介護者」にとどまっているからもったいない限りだ。

90歳・80歳の婆さんのような話は日本中にあることだろう。いや、日本中で当たり前のように聞かれる話であってほしいと願うばかりであるが、大事なことは「あるか・ないか」ではなく、「きづくこと」「むかうこと」だ。

何にきづき・何にむかうべきが大事かは、読んでくれた人に委ねることにしたい。

血液型セイカク論

和田さんは血液型何型ですか?って、ときどき聞かれることがある。僕がO型ですって答えると「えっ、そうなんですか」と言う人と「やっぱり、そうなんですか」と言う人がいる。

中日新聞〔2009年3月8日付〕の社説「血液型では決まらない」の中で、信州大学准教授の話として「血液型は血液中のタンパク質によるものであって、性格とは何ら関係ない。血液型性格論はえせ科学であり、その考えは人間理解の妨げになり、人種差別主義と同じようなものである」と紹介し、「血液型性格論が与える最大の問題点は、人にレッテルを張ったり、決め付けたりすることです。これは差別や偏見の入り口となります。本人の能力や資質とは無関係の論点だからです。」と警告している。

僕もそのとおりだと思うし、婆さんにも共通することだ。

記事によると、医師や学者によって、昭和の初期頃から血液型と気質の関連を科学的な研究対象とした試みがなされてきたようだが、結果的に科学的な差異が認められなかった経緯があるとか。にもかかわらず「血液型による性格診断」の類《たぐい》の書物はよく売れているようで、前述の社説によると、米誌『Newsweek』電子版〔2009年2月1日号〕で「日本では血液型は結婚相談所から職業の決定に至るまで決定的な役割を持ち、いかに科学的に反論しても歯が立たない」と皮肉っぽく紹介され、指摘されたのだとか。

確かにこの手の話はみんな大好きで、盛り上がる。

僕も何人もの人たちに聞かれてきたが、聞いてきた人の誰もが「和田さんが本当にO型かどうか」を調べないままに、うんちくを語る。だから僕がウソをついてAB型って言えばAB型の和田として、B型と言えばB型の和田として語られ、確証もないままに「やっぱり!」とか「そうなん?」と人を評価するのだから、いい加減な話である。ちなみに一番言われるのは「B型ですか?」だ。

婆さんも似たような扱いを受けている。

ある施設を訪ねた時のことだ。ある婆さんがウロウロキョロキョロしているのを見かけたので、職員に「あの人はどうされたんですか」と聞くと「ええ、徘徊しているんです」と答えるだけで、その婆さんにかかわることを一切しない。他の職員たちもまったくかかわらない。婆さんは困ったげに彷徨うのみである。

でも、職員が「人に関心がない」とか「性格が悪い」とかということではないはずで、その後の研修会でそのことを題材にして「同じような年齢の人が町なかでウロウロキョロキョロしていたらどうする?」って問いかけると、関心を寄せない人は別として、関心を寄せる人は「どうされました?」って声をかけるというのだ。

認知症という状態になったAさんが施設を利用すると、利用する前に(自分の意思とは無縁に)情報をとられるため、職員たちは出会った時から「認知症の人(Aさん)」としてかかわってしまう。つまり、認知症の看板を背負わせるのだ。でも町では、レッテルを張ったり決めつける情報がないぶん「困っている人」としてかかわり、それはまずは人へのかかわりであって、認知症へのかかわりではない。

つまり、ウロウロキョロキョロして歩き回っていること(事象)に対して、Aさんは認知症だからその症状として目的もなく歩き回ってる(徘徊)というレッテルを張りつけ、その原因を「認知症によるもの」と決めつけてしまっているのだ。

これは僕らの仕事では致命的である。

なぜなら、僕らの仕事の基本は、さまざまな事象を解きほぐし、解き明かし、策を見出すという思考にあって、その思考の入り口は「なぜ」という問題意識で、「レッテル張りや決めつけ」はそれを封じ込めてしまいかねず、認知症から人をみていく思考は人間理解の妨げにつながりかねないからだ。

「なぜ」ウロウロキョロキョロしているんだろうと思うからこそ知ろうとし、知ろうとするからこそ「どうされましたか」とかかわり、そのやりとりの中で理解し、原因を突き止め、そのことで解決していける・あるいは解決しようがないという結果につなげられるのであって、初めから結果を決めつけてしまっては思考にはつながらない。

逆にいえば、思考するよりも「レッテル」や「決めつけ」のほうが簡単だし、わかった気がするという結果を導き出しやすい。血液型性格論でいえば、大きくは人間のタイプは四つということになり、その確率は四分の一なのだから。

人間にとって偏見や差別といった「蔑視」は屈辱的なことであり、認知症になったからといって「認知症の人」になるわけではなく「人が認知症になった」ということを忘れてはならず、「人」が入り口であることを見失わないことだ。僕は「O型の和田さん」ではなく「和田さんの血液型はO型」だというだけのことである。

ちなみに26歳の知人は、ずっと自分はO型だと思い込んでいたし、血液型性格論でいわれているところの「O型自分」が大好きだったのだが、妊娠時にB型だとわかって大ショックを受けていた。そんなもんである（彼女の言い分は「私はOに近いBなのよ」だって）。

こぼればなし

面白い話だったので、本人の了解を得て紹介します。

グループホームの管理者をしている知人（嫁）の夫方の両親は60歳ですが、とっても仲良し夫婦だそうで、特にお義母さんはお義父さんのことが今でも大好きなんだとか。

知人とお義父さんとで出かけようとすると、必ずお義母さんは一緒についてくるし、夫婦二人の楽しみで知人夫婦の家の近所に来たとしても「今日は二人の日だから、二人の時間を邪魔されたくない」と立ち寄らないぐらいのラブラブ度。

一年前のあるとき、お義母さんがお風呂に一緒に入ろうと誘ってくれたときに「二人っきりになって話したかったの」と意味深に言われ、「なんだろう！」とドキドキしていたら、「どんなに私がよぼってもお父さんの面倒は私がみますから、あの人に触れないでね」とオンナとしての宣戦布告を受けたそうです。

とってもステキな話なのですが、こういう仕事をしているせいか「先が思いやられるなァ」と知人たちと案じてしまいました。ハハハ、仲良しも「ほど」ですかねェ。

異道性慣行症候群

友人から届いたメールに、改めて考えさせられた。

「異動発令があり、特養で（この）4月から働いています。いやぁ、びっくりすることばかりです。言葉遣いや話の強弱に威圧感があり、ほとんどが自分では動くことができない人なので、一方的な言葉の暴力に思えて仕方ありません。（自分に）変えていくことはできるでしょうか？　あまりに酷くて、仕事を覚える方に頭が働かず…」

*（　）は和田による注釈。

返信メールを送った。

「（異動先が）特養なんや。今の制度や考え方では、大きく変えるのは並大抵のことやない。権力をもってもできることはしれてる。ただ、言葉遣いなどはお金や人手がかからないから、可能性はたっぷり。話し振りから察するに『一方的な言葉の暴力＝虐待』やなぁ。たぶんマヒしてるんやわ。『変えていくことはできるでしょうか』→ひとりではあかん。仲間が必要。仕事に共感しあえる仲間ができるかどうかやね。焦らないこと。じたばたしないでじっくり取り組んだらどうや。勝負は二年目からやで」

再びメールが返ってきた。

「仲間づくり…長い人だと十年選手もいて、虐待的な行為や言動が『ふつう』で『当たり前』で常識ぐらいにおもっているので、仲間作りのそこに二年はかかりそうです。『怒っておとなしくさせていれば』等の会話が飛び交う中、しばらくはひたすらに自分なりの声かけを続けていこうと昨日あたりに決心しました。（中略）特養そのもののシステムは、結構しっかりしているのだと思いますが…地道に少しずつ、１人からでも仲間作りをしながら、日々の支援をしていきたいと思います。十のうち一でも実現できることはあるかも！です」

幸い前向きで明るい人なので、「退職」とか「心のやまい」「喧嘩」に向かわなくてよかったのだが、往々にしてそっちへ向かいがち。これによく似たことがある。それは、実習を受けることによって「介護業界に就職しないことを決めたという学生たち」だ。

学生たちは最初から実習に出るのではなく、ひととおりの学を積んで実習に出るのだが、学を積み・思考を重ねてからの実習だからこそ、疑問と不安になるというのだ。

学として思考として、「人権」「尊厳」「その人らしく」「人として」「ふつうや当たり前の生活」「個別ケア」「その人に応じた」「その人の力を引き出すように」などを習ったうえで実習に出るのだが、実習先で前述のような虐待めいた入居者への言葉づかいまではなくとも、風呂・食事・排泄・歯磨きなど生活の大部分が時間による流れ作業、時間に追われバタバタしている職員、入居者とのかかわりはほとんどない、ボーっとテレビに向かわされている入居者、カギの中に閉じ込められ箱生活を送らされ、いつ事故が起きてもおかしくない人員配置、そのことに疑問ももたずコマを黙々と動かしている職員集団、陰でこそこそ他人の悪口を言う職員の姿など、この業界・施設で働くことへの不安材料は尽きないのだ。それにこのような職員の言動があれば、火に油を注ぐようなものである。

これはひとごとではなく「婆さん」という僕の言い方はいつも物議をかもすし、僕の足元でも、自分たちでは良かれとまではいかなくても悪くはないと思っている婆さんへの言動に対して疑問を抱いた新入職員が退職するという事態が起きたりもした。

十年選手でなくても「慣れ」とは恐ろしく、それは自分自身にも襲ってくる「慣行症」で、これにおかされると異なる道に引きずり込まれ、蔓延して他人を引きずり込んでいく「症候群」だ。

こいつは、気をつけなければいつ誰に襲ってくるかわからない。怖いのは、気をつけているからといって起こらないわけではないことだ。しかもいきなりくるのではなく、知らず知らずのうちに潜伏して症候群にかかってしまう。最初は疑問だらけの新入職員も、時間とともに同類になって、かつて疑問をもった先輩たちと同じ道を歩むようになるのは、症候群にかかっている証なのだ。

友人からのこのメールは、誰が誰に対してではなく、誰にでもどこでも起こり得る出来事で、この世界で飯を食うプロとして戒めなければならない非常に身近にある非常に重大な問題を投げかけてくれているが、それがこの業界に慢性的に起こっている事実であり、僕らは国民や社会に対する重大な背信だと自覚しなければならない。

「介護」の世界に人が背を向け出しているのは、お金のこと、人手のこと、それらと同じくらい、この症候群があることも自覚しなければならない。

僕もこの世界に身をおく者として、このような事実を一刻も早く是正していきたいと決意し願っているが、そう決意し願った最中にも、僕の中に、僕の足元で起きているかもしれないから「症候群」は怖い。

友人からの異動報告メールは、再び僕にたくさんのことを思い返させてくれた。誰を責めるでもなく、大きくはこの世界に身をおく仲間としてともに思考し実践していきたい。

＊
友人へ
掲載を許可してくれてありがとう。

魂

RCサクセションというバンドの頃から自転車野郎になるまで、忌野清志郎という人の〝生きる姿〟が好きだった。

彼のどこが、何が好きだったのだろう。僕は2009年5月の訃報を聞いてから、そのことを考えてみた。考えたところでわかるものでもなかったが、共感していたことは「挑み」のように思う。奇抜なカッコウやウタイカタといった表に出しているものに彼なりの意味がきちんとあって、それを貫く挑みの姿勢というか。

自分に子どもができたとき、ロックがイメージできなくて超不安を抱いたようだ。30数年前、子持ちのロッカーなんて想像できなかったのかもしれないが、子どもが生まれると大逆転！　子どもの歌を世に出したパパロッカー清志郎のすごさ。

僕には、学生の頃から他人に媚びることなく、発売禁止になろうとも社会的なことから目を離さなかった彼に、多くの表現者たちが失った（隠した）ロッカー魂というようなものを感じる。

知らず知らずのうちにキヨシローに励まされてきた僕だったのかもしれない。

ショートステイの面接に行った時のことだ。本人の名前は留吉さん（仮名）。

留吉さんはまったく動くことができず、オシッコはカテーテル、栄養はチューブ、いわゆる「寝たきりベタ状態」だ。留吉さんには3人の娘がいて、娘たちがローテーションを組んで留吉さんの世話にあたっていた。

娘たちは留吉さんに対してめちゃくちゃ想いが強く、社会資源はまったく使わずに「お父さんは私たちの手で」と数年間24時間365日介護を続けてきたが、娘たちも年齢を重ねるごとに疲労が蓄積し、思い切って社会資源を使うことに決め、ショートステイの利用ということになったのだ。

娘から話をひととおり聞いたのち、ベッドに横たわっている留吉さんに面会した。留吉さんの顔に近づくが、気配さえ感じないようでまったく無表情だった。

「留吉さん、こんちは。はじめまして、和田と言います」

挨拶をさせてもらったが、変わらぬ無表情。傍らの娘が「父は倒れてからずっとこうなんです。昔は民謡が大好きでよく歌っていたのですが、声すら何年も聞いていません」と涙ぐんでいた。

それを聞いた僕は、涙を見せてくれた娘に向かって「前向きに泣かせてやりたい」と果敢に挑みたくなった。

数分間留吉さんに世間話をしたのち、いきなり耳元で民謡を歌ってみた。楽曲を変え・声の大きさ・速さ・高低を変化させながら、留吉さんに必死で挑んでみた。すると留吉さんの唇が動き出し、消え入るようなかすれ声で歌い出してくれたのだ。娘さんは超驚いたようで、口あんぐり状態。「和田さん…」と声を出して泣き出した。

どんな民謡だったかまったく憶えていないが、数曲歌ったなかの一曲が留吉さんの脳の奥底にヒットし、何やら物質が働き出して、歌う力を発揮・開花させたようだ。

ショートステイを利用した留吉さん、日中はベッドごとフロアに出て、何をするわけでもないが、他の利用者たちが何かをやっている〝風〟を受けてもらうことにしたら、何年も眠っていた表情をみるみる取り戻した。長年の廃用からの脱出である。

僕が固定的にものごとを考える人間だったら、あの瞬間に〝挑みごころ〟が湧いてこなかったら、「喋れない無表情留吉さん」のままだったのだろう。

デイサービスの利用面接に行った時のことだ。本人の名前は源蔵さん（仮名）。

源蔵さんはまだ若く、今でいう若年性認知症だった。妻と二人暮らしだが、妻は源蔵さんに想いがいっぱい。アルツハイマー型痴呆と診断を受けてから、全国各地の痴呆に対して著名な人を訪ね歩いたそうだが、いまひとつ大切な旦那を委ねきれなかったようだ。

面接をしている妻を横目に、源蔵さんは部屋の中を行ったり来たり、箪笥《たんす》の引き出しの中のものをあっちへ入れたりこっちへ入れなおしたり、ひっきりなしに動いていた。

「いつもこうなんです。治せないかとあちこち行きましたが…」

僕自身は面接時のことをこと細かくは憶えていなかったが、妻は憶えていて、1年後か2年後の家族介護者教室で、参加者にこんなことを話してくれた。

夫への想いと実際の世話、どうにもならない閉塞感から焦燥しきっていた妻を見かねたある関係者が、僕のことを妻に紹介したようだ。妻にしてみれば、海のものとも山のものともわからない和田だが、その関係者が言ってくるから仕方なく会ったようなもので、たかだかデイサービスセンターの相談員である僕をはなから相手にしていなかったようだ。

「和田さん、うちのお父さんにはこんなことがありますよ、あんなことがありますよ」と、妻は源蔵さんの〝とんちんかん〟をいっぱいしゃべったようだ。

その話を聞いて和田はきっと驚き、「うちのデイサービスでは面倒みられません」と拒むだろうと思い込んでいたようで、「どうせ断られるのだから」とすべてのことを正直に話してくれたようである。

そんな妻の想いなんぞ知る由もない僕は、妻に何を聞かされても黙って聞いていたようで、妻から最後に「うちの旦那さんは無理ですよね」とたたみかけられて初めて「何があっても驚きませんから、大丈夫ですよ」と一笑したようなのだ。

「私は和田さんが、にこにこしながら何があっても驚きませんから大丈夫ですよと言ってくれたことに信頼をおくことができ、大事な旦那さんを託しました。それまでそんなふうに受け止めてくれる人はいませんでしたから」

15年も前の話である。今よりさらに何にもわかってない僕だったはずだが「脳が壊れりゃ何が起こってもおかしくない。脳が壊れた人を応援するのが僕の仕事」ということだけは明確だったようで、どこで誰に拒まれた人であろうが自分は拒まないという挑みの姿勢がなければ専門職とはいえないという誇りだけは、今と同じようにもっていたように思う。

しかも僕には仲間がいたし、仲間と一緒に実際に応じていたから怖いものなどなかったのかもしれない。

あの時の僕に実践がなかったら、一緒に挑んでくれる仲間がいなかったら、あのひとこと

が出せたかどうか。あのひとことを僕が出せなかったら源蔵さん夫婦はどうしたことか。きっと専門職を信頼しなかったのではないか。いや「専門職、プロ」に対して疑心のままだったかもしれない。いや僕でなくても出会いがあったかもしれないが、僕らで止められたことに誇りをもっている。

専門職として、いやこれで飯を食わさせてもらっている者として「挑み」がなくなったら、僕に金を払ってくれる婆さんに申し訳ないから、僕はこの仕事を辞めようと思う。この「挑み」こそが僕のエネルギーであり魂であり、キヨシローに通じるものなのではないかと。忌野清志郎、これからも、よ・ろ・し・く!

新への不安

春といえばどこかしこで「新」がつきものです。ピカピカの一年生なんていうステキな言葉が流行りましたが、何事もコトはじめは一年生です。その意味では生きてることっていうのは、いつもピカピカかどうかは別としても「慢性一年生状態」のようなものです。

この「新＝挑み」というのはわくわく感もありますが、裏返しには不安感もつきものです。きっとこれから幼稚園に通う幼児、小学生になる子ども、社会人として働き始める人、好きな人に打ち明けて初めてのデートを迎える人、新婚生活に突入する人、初めて路上で車を運転する人・路上で歌う人、初戦のボクサー、初めて通勤電車の運転手を務める人、初めて手術をする医師、初めてお客さんの横に座るキャバクラ嬢、初めて一人で漁に出かける漁師、初めて婆さんにかかわる人・初めての一人夜勤など、あらゆる立場や職業で「初めて」に挑むというのは、心模様が「不安緊張色」になるものです。

僕らの業界にも、学校を卒業した社会人一年生が入ってきます。また、4月の区切りで新しい施設をオープンする一年生仲間もたくさんいます。きっと3月31日という日は、胸高鳴るわくわくどきどき感と同じくらい、いやそれ以上に気分鎮痛不安感もあることでしょう。僕のメールにも、不安にさいなまれる後輩や仲間たちからのメッセージが届いています。

でもよく考えると、不安なのは支援者である僕らだけでなく、来てくれる、あるいは連れて来られる婆さんも不安だらけのはずです。そのことを考えると、婆さんは金を払うほうだから心もちはどうあってもいいと思うのですが、お金をいただく側の僕らは、少なくとも払う婆さんにとって安心感を与えられないと、お金をもらって支援を提供するプロとしては情けないかなと。しかも介護保険制度では「初期加算」なんていうのもいただくのですからなおさらです。

ただ新規施設では、経験のある人ばかりが従事するわけではなく、かといって法人には経験を積ませてから婆さんの前に登場させられる余裕もないとなると、従事しながら経験を積んでもらうということになり「不安を一掃していざ出陣」とはならず、従事者にとっても、そこを利用する婆さんにとっても、とまどいだらけの状況は避けられないでしょう。

だからこそ、経営者を筆頭に中心に座る人間は、従事者に対しても、婆さんに対しても、家族に対しても、どしっとした姿勢で挑むことが大事で、和田流に言えば「何も起こさないという決意」ではなく、「何が起こってもおかしくないという覚悟」が必要だということです。

子どもをもつ親にその覚悟がないと、いつまでたっても「新」のまま心配が尽きず学校まで付いていくことになるだろうし、覚悟を決めて「新＝挑み」を子ども自身に委ねることを通過してこそ、不安でたまらなかった子どもが堂々と一人で通学する姿を目にすることができるのでしょう。

中心に座って活躍される人たちは、確たるものは十分になくても「どーんとこい」と胸を叩いてほしいし、経営者もその人たちに「どーんと叩け」と覚悟のほどを伝えることが大事でしょう。僕は自分の立ち位置から「どーんと叩かせてやって、どーんとこいと胸を張れ」と、両側に仕事をしていかなければと改めて思いました。

追伸

僕は緊張症の不安がりで、今でもそうやけど、どこでもいつもおどおどしてる。

中でも工業高校を卒業して国鉄に入り、研修を受ける鉄道学園を修了して、大阪市内にある片町線淀川駅という貨物駅に配属された時は思いっきりどきどきしたわ。今見ればびっくりするけど、七三に分けた髪型、ネクタイ姿なんやけど、その姿に緊張感がたっぷり。

幸いに僕の部署は大した業務じゃなかったから良かったけど、踏切警守といって、踏切が自動ではなく手動で扱われていた頃にあった業務なんやけど、その人たちの業務は一瞬のミスが大規模事故につながるわけで、僕ならノイローゼになったかもしれん。

だから僕は自分のそんな弱いところがよくわかっていたから、国鉄マンに憧れても運転手

てっちゃん（鉄道マニア）和田行男
子どもの頃から大好きだった鉄道。
写真を知り、旅費、フィルム・カメラ購入費用を新聞配達などアルバイトで調達し、休みになると全国各地へ出かけては機関車たちを写真に収めていた

になりたいなんて一度も思わなかったし、裏方で一人じゃない仕事を目指した。

緊張症の不安がりの気持ちを少しは共有できていると思うけど、53年も図々しく生きてくると、自分の中にまだその部分はたっぷり残っているにもかかわらず、他人に対しては横着な言葉を吐いたりするようになって追い込んでしまうことがある。

今回こうして書きながら、自分の周りにある・いる「不安」に対してともに向き合っていかなきゃと自戒させてもらった。

本位と本意

うちのグループホームに入居の相談がきた。病院を退院後、独居生活は困難と判断した家族が申し込みをしてきたのだ。どこにでもよくある話である。

その婆さんは、ご多分にもれずこれまでどおり独りで暮らしていくことを望んでいたが、医師も病院の相談員も僕らも、どう考えても独居は困難と判断した。そこで周囲が口裏を合わせ、婆さんには、「また一人で生活できるように、いったん訓練施設に入ってから自宅に戻ることにしましょう」と言って、入居を強行した。本人は疑心暗鬼ではあったが、あきらめも手伝って、不本意ながら入居となった。

それから8か月後。家族からこんなうれしい相談を受けた。「入居後、驚くほどよくなってきたようです。これなら同居するのも可能に思えるので、自宅へ連れて帰りたいのですが……」。そこで、お正月に外泊を試みることになった。

ところが、帰ったその日の夜。あれほど帰りたがっていた自宅だったのに、婆さんは「向こう（グループホーム）のほうが楽しい」と言って戻ってきてしまったのである。これには、家族もスタッフも大笑い（苦笑い？）。つまり、婆さんは不本意で入居してきたものの、自分の本意で戻ってきたのだ。8か月間を経ての大きな変化である。

「本意」といえば、この業界で最近よく使われるのは〝利用者本位〟だ。

「本位」は、広辞苑によると「もとの位。基本とする標準。中心になるもの」という意味をもつ。学生時代に習って憶えているのは「貨幣本位」。ときおり選挙用ポスターに、〝国民本位の政治〟なんて書かれているのを見かけたりもするが、日常生活の中ではほとんど使わない言葉である。

それに対して「本意」は、「もとからの心。本来の意思。まことの意味。本来あるべきさま」。こっちは、〝不本意な転勤〟や〝本意じゃない結婚〟など、生活の中で日常的によく使われる。まさに自分の意思を表わす言葉である。

「ほんい」には、こうした2つの異なる意味があるにもかかわらず、〝利用者ほんい〟と聞くと、多くの人は無意識のうちに（あまりなじみのない）「本位」ではなく、（日常的に使われる）「本意」のほうで理解してしまうだろう。これは決して不思議なことではない。

もし仮にこの国が本当に、要介護状態になっても認知症になっても、一人ひとりが自分の願っているように生きることを応援するシステム（考え方と施策）をもっているなら、堂々と〝利用者本意〟を語っていい。

でも、どう考えても今のこの国の状況で、認知症の人それぞれの気持ちや意思に沿って支援するなんていうシステムを構築することは、コスト的にも人員的にも適《かな》うはずがない。せいぜい〝利用者本位〟で支援するのが精いっぱいで、とうてい〝利用者本意〟に至れるものではない。そのことをしっかりと押さえた上で「ほんい」を語ってもらわないと、婆さんたちを支援している現場の人たちは混乱するばかりである。

行政マンや学者、研究者、第三者評価の評価員といった人たちは〝利用者本位〟を現場に求める。一方、マジメな現場の人たちは、〝利用者本意〟で一生懸命やろうとする。互いが「本位」と「本意」の〝ほんい違い〟に気づいていない。そして、婆さんの意思や気持ちに応えるのはムリだらけの現状で、〝利用者本意〟を必死に追いかけさせられる。そこに残るのは、無力感とあきらめになっても仕方ないだろう。

そんな僕ら専門職にできることは、婆さんにとっての「不本意」なスタートかもしれないが、僕らがかかわることによって、いつの間にか「本意」に変わったのではないかと思える言葉や動きを引き出すことぐらい。ただこれまでは、それさえも追求しない専門職が多すぎたから、〝利用者本位〟が強調されてきたのも事実である。そのことをもう一度肝に銘じ、「本意」に応じられない限界を理解した上で、「本位」を「本意」に変えることを追求してみてはどうだろうか。

自宅でひとり暮らしをしていたAさんは、甘いものや間食が大好き。誰からもとがめられることなく、自分流の生活を送っていた。そのAさんが、糖尿病を患って入院となった。病院での治療によって、間もなくAさんの状態は改善。退院の運びとなったが、医師や関係者の勧めもあり、自宅に戻ることなくグループホームに入居することになった。

Aさんは車椅子でしか移動できず、運動量は少ない。しかも本人は、動きたがらず依存心が強い。干渉されるのがイヤでマイペース。他者と関係をもとうとせず、居室で一人で過ごしたがる。食事は偏食の上、甘いものや間食もやめられない。訴える力は人の3倍強く、言い出したら聞かない。ただ、「どうせ一人なんだから、いつ死んでもいいのよ」なんて強がりを言いつつも、将来への不安は隠せない様子……。

さて、この婆さんへの支援について考えてみよう。利用者本意（本人の意思や気持ちを尊重すること）から考えてみるとこうなる。「Aさんが望むように好きなものを食べさせてあげればいいい」「動くのを嫌がるのだから、無理をせず好きにさせてあげよう」「他者とかかわりたくないって言っているのだから、居室で一人マイペースで過ごすのもいい」「ひとり暮らしなら好きにできるのに、グループホームに入ったら好きにならないというのは理屈が通らない」「生活の継続性が大切」……。

職員にしてみれば、婆さんが好きにすることを応援する気持ちよさがある。優しさも発揮できる。一方、婆さんは、自分の意思や気持ちをくんでもらえる心地よさを感じられる。

Aさんが入居したグループホームの職員たちも、〝優しい福祉の心をもった人たち〟で、Aさんの望むように支援した。中にはこの先のAさんのことを心配した職員もいたが、本人の強い訴えに負けてしまい、ズルズルと〝優しい人〟の仲間になっていった。そして、利用者本意を大切にしてくれる職員に囲まれ、Aさんはひとり暮らしをしていたときと変わらない生活を謳歌した。その結果どうなったか？　再び病院送りとなったのだ――。

さて、これをどう考えるかである。Aさんのそばにいた〝優しい人〟は、グループホームという場でどんな仕事をしたのか？　おそらく、食事を居室に運んであげたり、「〇〇が食べたい」と言えば買ってきたりしたのであろう。

僕には、Aさんの望むことを実現するために一生懸命働いている職員の姿が目に浮かぶ。Aさんの満足度は高く、職員の仕事の実現度も高い。両者にとって納得のいく毎日だったことだろう。

でも、よく考えてみてほしい。婆さんの意思や気持ちに沿うことだけが仕事だというなら、誰でもよいということになりはしないか。誰かがそばにいることに意味があったとしても、利用者本意だけを追いかける〝優しい人〟ならば専門性は不要である。小難しい理屈も学びもいらない。その人が望むことを淡々と実現するだけである。それは単に〝お手伝い〟でしかない。子どもが望むことに応じるだけなら、「養いはあっても育みがない」のと同じだ。

僕らに求められることは、最期まで人として自立的に生きることを支援するための専門性のはずだ。支援する上で本人の意思や気持ちを確認することは欠かせないが、意思や気持ちを受け入れる（聞き入れる）だけではなく、それに利用者本位の視点をミックスすることが大事だということ。つまり僕らの専門性は、Ａさんの「食べたい」「動きたくない」「もうど

うなったっていい」という〝本意〟を理解した上で、「病気にはなりたくない」「動けない身体にはなりたくない」という人としての〝本位〟でとらえ、支援策を立てて実行していくということだ。そのためには、Aさんやその家族と闘うことだってある。

なぜなら、僕らはお金をもらって本意にだけ応える〝お女中さん〟でも〝優しい人〟でもなく、本意と本位を使いこなし、その人のこの先まで予測して支援するプロの専門職だからである。それは、婆さんに最大寿命まで「人の生きる姿」で生きてもらって、コロッと死んでもらうことに挑むことなのである。

利用者「ほんい」の罪

グループホームを訪ねるとお昼時だった。「どんなものを食べているのかな」とちらりと見ると、婆さんの目の前に丼一つ。どんなものかもう一度ちらりと見ると「素うどん＝かけうどん」で、しかも食卓にはそれしかないのだ。

職員さんに聞くと、昼食の献立を決めるにあたり本人に聞くと「素うどんがいいと言われたんです」とケロリとしてる。これはきっと和田が書いた『大逆転の痴呆ケア』の罪にちがいないと思った。

僕は『大逆転の痴呆ケア』の中で、「利用者本意＝つまり自分の気持ちや意思」を食に反映させることはそう難しいことでもないため、婆さんと一緒に「何を食べるか決め合う」ことを毎日、昼・夕食時にやっていたことを書いた。自分の意思とは無関係な食べ物＝「えさ」しか食べられない・食べさせてもらえない社会福祉の現状はおかしいと思い、「一週間うどんで何か文句あるか」というようなフレーズを使ってでも、本意を実現することの大切さを強調した。

ところが、そこだけを抜き取って実践すると「素うどんを食べたいと本人が言ったから、素うどんしか用意しないし出さない」となり、その言い分は本人の意思だからとなり、「個別ケア」「利用者本位」「自分らしく」といった先端的な言い回しと近くなり、何となく説得力のある話になる。だからそれを実践している支援者にとっても、間違っているとは気づきにくいだろう。

僕はグループホームでさまざまな試みを同僚たちとさせてもらい書かせてもらったが、僕の基本は「本人の意思（利用者本意）＋僕らの思考（利用者本位）」であり、その結果支援策は「放置するから管理するまで」である。この場合でいえば、本人の意思を確認すると「素うどんが食べたい」というのだから当然素うどんは一緒につくるが、いざ婆さんが食べる段になると、その食卓には素うどん（本意）だけでなく、支援者が考え抜いたさまざまな食材を使った料理が並んでいるという環境をつくり（本位）、重ねるように、支援者である僕らは「美味しそうですね」という支援の言葉を投げかけ、さまざまなものを「食す」ことに結び付けられるように手だてをとっていた。

結果は素うどんしか食べないというようなことはなく、必要な栄養素を取り込むことができていたので栄養失調にはならず、逆にカロリー過多にもならなかったということだ。著書の中では「ジャングルでもサファリパークでもなく国立公園型を目指そう」と投げかけているが、大きくは護らなければならないということであって、素うどんしか獲得できないジャングル状態では、婆さんは滅びてしまいかねないのだ。

そんなこんな「利用者本意」と「利用者本位」を重ねもった専門性を著書で投げかけたが、どうも「ほんい」を職員都合にあわせて隠れ蓑にしているところが見受けられる。

その人の意思に基づくということが、職員にとって「手をかけなくて済む」というときは「利用者本意」で語り、その人の意思を考慮すると厄介・面倒なときには「利用者本位」で語る自分本位な専門職がいるのだ。僕は「本意と本位」について、雑誌でもブログでも研修会でも何度となく語ってきたが、もし「ほんい」に翻弄されているのなら、もう一度『大逆転の痴呆ケア』を読んでみてほしい[*]。そこには「本意」と「本位」がいっぱい散りばめられているから。

*
自画自賛ですみません。でも自業自得を取り返さないといけないものですから。

婆さん理解深める子育み

子どもは僕らとは同じようなことができないし、わからないことだらけである。

たとえば「排せつ」をみると、この業界で働いている人はおそらくみんな、排せつをもよおしたらトイレに行って、そこで排せつしているはずだ。それが一般的な姿だと思うが、その僕も子どもの頃は、いつでも・どこでも・誰が見ていようが、垂れ流ししていたはずだ。その頃の僕は、それを間違っているとか、恥ずかしいとか思うことはなく、それを見ていた大人たちも、それが一般的な子どもの姿だと思っているから「おかしい」とは思わなかったはずだ。

やがて大人は子どもの成長とともに、この国の大人たちの一般的な姿である、決められた場所（多くの場合はトイレ）で排せつができるように応援していく。つまり自立支援である。まずは自宅のトイレで排せつができるようにする。トイレはどこでも基本的には固定されているため、同じ場所にある。自宅という環境の中でトイレがどの場所にあるのかを覚えることができて、排せつ行為の手順が身に付くと、

1✦尿意をもつ
2✦トイレに向かう・行きつける
3✦排せつ前の行為に必要な身のまわりのことができる
4✦排せつする
5✦排せつ後の行為に必要な身のまわりのことができる
6✦トイレから次の目的地に向かう

といった一連の連続する行為が自力でできるようになる。

ところが、それはあくまでも使い慣れた環境にあるからであって、自宅以外ではそうはいかない。だから大人は「おしっこがしたくなったら言うんだよ」と子どもに告げるし、子どもも「おかあちゃん、おしっこ」と尿意があることを伝える。［1］［3］［4］［5］は自力でできるのだが、［2］ができないと決められた場所ではできないということだ。そこで大人は、［2］や［6］が自力でできるように応援していくことになるのだが、その時に大切な要素になるのが、

7✦トイレのサイン
8✦トイレの場所をおおよその見当をつける

ということだ。

子どもでも［7］はすぐに覚えられるが、［8］は経験が必要になってくる。つまり時間を要するのだ。そこで大人は経験を積ませるように応援するが、そのときは失敗することも覚悟する。上手くいかないからといって、いつも大人がトイレまで連れて行ってやったのでは［2］を獲得できないわけで、［2］が獲得できなければ、この国における排せつ行動を自分の力で達成できないことになる。

膨大な時間と手間をかけてもらって、どこに行っても排せつ行動を自力でできるようになった僕は、「うんこがしたくなったら、トイレを求めて行動を起こし、トイレでうんこをする」ばかりではなく、ハイキングのように山中の情報下で同じようにうんこがしたくなったら、我慢しきれないとなると「トイレは『ない』と判断し、トイレではなく大きな木や茂みを求めて行動を起こし、トイレとは違う場所でもうんこをする」という行動までできるようになったのだ。つまり、見当さえつけられずトイレ以外の場所で排せつしていた僕は、見当をつけることができるから、まったく初めての土地でも場所でもトイレで排せつできるし、トイレ以外の場所で排せつすることができるようになったということである。

それもこれも脳が一般的な状態にあればこそで、その脳が病によって壊されて一般的な力を発揮できなくなれば、決められた場所に行きつけず、排せつという生理を優先して、そこらここらで排せつをしたとしても不思議なことではないことが、子どもをみているとわかってくるはずだ。

さらにいえば、子どもが垂れ流すこともなく排尿や排便がなかったら、大人は「病気かもしれない」と不安に思うだろう。つまり排せつは、どこでするかよりも「排尿・排便がある」ことが最も重要なことであり、大人は子どもが垂れ流したとしても「出ていることが一番大切」だということを知っており、出ていることにまずは安心するのだ。

だとしたら、婆さんがどこで排せつしてしまったとしても、まずは「出てよかった」と受け止めることが大事で、放尿だ！問題行動だ！周辺症状だ！なんて大騒ぎするのは、大人がいきなり大人になったと思い込んでいる愚かな大人の証である。子どもを見ていて婆さんとくっつけて考えるのは職業病なのかもしれないが、『大逆転の痴呆ケア』を読んでくれた人や、子育てにとりかかりだした後輩たちから、和田の言っていることがよーくわかるようになりましたと言ってもらうことがある。きっとそいつらも、僕と同じ職業病にかかってしまっているのかもしれない。この病気が大流行することを願っているが、不謹慎？

そうした過程を経て今の自分はあり、今の自分にいつの頃からか到達し、その到達点を今も維持できているからこそ、今でもトイレで排せつできるということだ。

偏見や差別との
たたかい

認知症対応型国家〝にっぽん〟へ

近年の診療報酬改定の動きをみていると、「産婦人科や小児科の担い手不足に対して、報酬をつけてでも担い手を誘導する」という手の打ち方をしているように思う。「認知症が社会問題化している中で、報酬が認知症に対応していないために担い手がいないなら、報酬をつけてでも担い手を誘導する」ということだ。

いわば、社会的に必要なことが不足しているからお金で決着させていこうということだろうが、僕的には違う受け止め方をしている。それは、「これまでの診療報酬の体系は認知症の特徴に合致していなかったから、是正して合致させた」という受け止め方だ。

つまり、脳が一般的な状態にある人の診察時間に平均20分必要だとしたら、認知症で一般的な状態にない人の診察は、平均して3倍の60分は必要だ（本人から40分＋本人だけではわからないあるいは不正確だから、家族等から20分）。だから、一般診察報酬1点なら認知症対応型診察報酬は3点にする。この理屈なら僕にも理解できるし、真っ当な議論だというとらえ方だ。

僕が言いたいのはこの先で、「認知症に対応する」という理屈を認めてくれたのだとしたら、このことだけでなく、さまざまな場面でその理屈を通してこの国の有り様を見つめ直してほしいということだ。仮に今回の処置が国家的な緊急の課題だということを踏まえ、特別な優先順位で打った手立てだとしてもである。

身近なところでいえば、介護保険制度の報酬改定でも同様の議論をしてほしい。ほんの一例でいえば、介護保険制度で利用者側との窓口になる介護支援専門員の報酬体系は認知症に対応しているかどうか、訪問介護の仕組みはどうか、認知症という状態にある人を専門的に生活支援する特養やグループホームなどの人員配置基準や運営基準、介護保険制度下で仕事をする専門職の労働条件などなどだ。

また医療でも、認知症以外の疾患を有した時に安心して入院治療できるシステムや、もっと広げれば本人の就労支援や生活保障策などである。

総人口の50人に1人が「脳が一般的な状態にない」状況が間もなくこようかという時に、本格的な議論になっているかどうか、はなはだ疑問である。今まさに『国家的プロジェクト』が必要という認識に立って、認知症の特徴に可能な限り合致した「認知症対応型国家の姿と国民負担」を国民に示すべき時ではないか。もちろん、予防や治療も含めてである。

きっと遠くない未来に認知症が淘汰され、病態にある人が減ったとしても、「人が人として生まれ育ち、人として暮らし、人として老い、仮に疾患を患い一般的な状態でなくなったとしても、最期まで人として生きることを支え合う〝和の国〟づくり」は、子孫への財産となるはずだ。

僕も今を生きる国民の一人として、専門職の一人として、これからも知恵と力を発揮したい。みんなも大局に立って、一緒に考え行動していこうではないか。

まだ思考途上

ある会場の講演会終了後に、ある相談を受けました。

ご相談に来られた方のイメージはニューファミリー。まだ若いご夫婦で、僕と同い年くらいと思ったので、ご両親の相談ごとかと思ったら、手渡されたペーパーにはこう書かれていました。『私はピック病と診断されました。57歳です。この先どうしたら良いのでしょうか』話を聞かせていただくなかで『怖いんです』と悲痛に訴えらるのです。ご夫婦には中学生の娘さんがいます（他にも子どもさんがいるかもしれません）。

かかりつけの医師は僕が知ってるほど著名な方でした。本人はまだ仕事をされています。皆さんがボクなら、何と答えますか。応えられますか。

僕は何よりも「お金」のことを気にかけました。まずは、Aさんとその家族が生きていくために欠かせないお金を得ることを継続できるのかどうかということです。お金を得るには二つの道しかありません。

自力か他力かですが、本人の意思とは無関係に、まずは自力の可能性について考えていきます。

認知症になったいま、今はまだ認知症であることを雇用主に知らせないまま仕事を継続できるとしても、やがては認知症による仕事への影響は避けられないでしょう。このまま働き続けることを前提にするとしたら、雇用主のみならず「企業内認知症サポーター」が必要になりますが、そのためには「告知」が必要です。働き盛りの人が認知症になるということは、わが身に認知症を告知され、まわりの人にわが身の認知症を告知することが必要になるわけですから、倍々の勢いでつらさが増すことでしょう。

でも、自力生活の継続には欠かせない道です。こんな時にこそ国家権力が威力を発揮すれば心強いことでしょうが、それはどうなっているかということがまずもって気になります。雇用主が、認知症を理由に解雇（解雇に追い込む方法をとることも含め）できない法的な防波堤があるかどうか…。認知症になっても働き続けて自力生活に挑むことを応援する仕組みや機運づくりに税金が使われず、税金で生かしていく他力の道しかないとしたら、国の制度にこそ「自立支援」の理念を貫くべきです。

話は逸《そ》れますが、ある委員会で、あるデイサービスで取り組んでいる就労支援を例に出して、「あれはエセ就労で、労働に対する対価がないのだから就労支援とはいえない。そのジレンマを感じているのは、そのデイサービスの経営者であり従業者であり、利用者であり家族。そのジレンマを感じさせているのが自立支援を謳う国の制度だとしたら、おかしな話ではないか」と僕は言いました。つまり、通所介護事業者が働き口を見つけてきて利用者が働いても、利用者に賃金は入らないでしょう（誤解しないでね。事業者にも入らないですからね）。せいぜい先方からお礼を言われて「いいことをした」くらいの話になってしまっていることでしょうし、子どもだましのような対価の形を渡して「よかった」を演出することくらいでしょう。

僕はその委員会で「賃金を得るためにデイサービスが機能することを制度として認めるべきだ」と話しました。利用者はデイサービスから「働き口」「働く場までの送迎」「企業への啓蒙」「労働への見守りや付き添い支援」を提供してもらい、利用者が働きによって得た賃金の中から1割負担分を支払えば、デイサービスにかかる社会的コスト（9割分）は変わらないのに、利用者が新たに稼いだお金でデイサービスを成立させるためのコスト負担（1割負担）をすることができ、なおかつ利用者にとってデイサービスに行くことによって生きていくために欠かせない「お金」を新たに得ることができるということです。勤めている家族にとっても、デイサービスの利用コストや婆さんの生活を支えるコスト負担を軽減させることができ、自分のために使えるお金が増えます。

これはデイサービスに限らず、特養やグループホームに住む人の中にも、足が不自由で動けなくても、内職できる能力のある人はたくさんいます。しかもそういったお金が社会に回り、再び税金として国や都道府県、市町村に入っていくわけですから、認知症になってもなお「お金の循環」を継続させることができるということです。

いつまでも要介護者を「保護・他力生活者」にとどめるのではなく、まさに自力生活を支援する老人福祉・介護保険にするべきで、人のため・社会のためによかれと思って人が生み出した仕組みが社会的損失を産み出しては、元も子もありません。

「有する能力に応じ自立した日常生活を営むことができるよう」

何度も僕の話の中に出る法律の文言［介護保険法第1条］ですが、この国で57歳といえばまだ、自立した日常生活と「労働＝賃金を得る」はセットで、就労支援を外すのは法と法の精神を説く行政にこそ、コンプライアンスがなさすぎるということになってしまいかねません。介護予防にまつわる税金を使ったさまざまな取り組みも同様ですが、「消費しかない」仕組みでは、お金がいくらあっても足りないでしょう。

つまり、Aさんのことを考えていけばいくほど、この国の掲げる「健康で文化的な生活」「自立した日常生活」を応援したくても、この国は本気になって応援しようとしていないことに気づくばかりで、応援を業とする僕にとっては「手の打ちようがない」ということになり、Aさんにとって「耳を傾けてくれただけ」ということになるやもしれません。

そんなこんな話をAさんにしながら、もうひとつAさんに確認します。それは、認知症を告知したことで、雇用主が認知症を理由に解雇もしくは解雇を余儀なくさせる方法で解雇に追い込むことがあるとしたら、その是非についてAさんも家族も社会的に問いかける行動がとれるかどうか、AさんやAさんの家族がこれからの人たちのために行動できるかどうかです。行動できるとしたら、その行動をともにする・応援する仲間を集めることに自分がどれだけ応援できるか、もっと言えば、僕自身がともに行動する主体になるかどうかの自問自答です。

そしてもうひとこと、「認知症になっても、堂々と胤を切って生きていける社会にしていくために、婆さんズ解放運動を一緒にやりませんか」「気づいたときには、行動したくてもできない状態になるかもしれませんからね」って囁《ささや》きます（これはすでに会った時にささやきましたがね）。

あきらめないでよかった

その婆さんがグループホームにやってきたのは12月中旬。婆さんに初めて会ったのは、その半年前、リハビリ病院の病室だった。

「自分としてはグループホームで生活させてやりたいと思っているが、一度祖母に会ってくれないか」という相談を受けて会いに行った。相談者は婆さんの孫で、婆さんの息子夫婦も一緒に会った。

「もう死にたいよ」何度も何度もそう繰り返す婆さんに、家族たちはつらい思いを抱いていた。かといって自宅で一緒に暮らすこともできず、おまけに病院からは退院を迫られていたのだ。

「婆さん、こっちの椅子に移ってもらっていいかい」

僕が声をかけると、ゆっくりだがベッドから起き上がって椅子に移ることができた。

グループホームに空きがなかったので老人保健施設を紹介し、一旦はそちらへ移ることにした。いよいよグループホームに空きができたので、老人保健施設に面会に行くと、施設の相談員から意外な話が出てくる。

「もうフツウ食は食べられないのでキザミ食です。立ち上がることもできないので、排せつはオムツを着用しています」

「えっ!」と思ったが、そこで相談員と言い合いをしても始まらない。情報だけをもらって入居判定を行い、グループホームに来てもらうことにした。

当時、彼女の年齢は98歳。当初はふさぎがちで、他の入居者と言葉を交わすことはなく、ただボーっとしていることが多かったが、職員たちはその婆さんの姿を固定的に考えず、少しずつかかわりを増やしていった。

僕も挑んだ。ひとつには、この婆さんが立つことができるかどうか試み、その姿を職員たちに見せて、立たせ方の注意事項なども伝えて、職員たちの追求に委ねた。

すると、時間の経過とともに『フッウのご飯を食べることができました』『自分の力で立てました』『オムツをはずすことにして、トイレで排せつすることにしました』『歩くことができました』など、変わりゆく姿の報告が次々と入ってくるようになった。

それとともに「死にたい」という言葉はすっかり出なくなり、他の婆さんたちとも会話をするようになり、1年後にはキッチンに立って食器洗いをする姿まで取り戻したのだ。

「今だから話しますが、私はグループホームなんか何もできないだろうと思っていた。息子（孫）があんまりすすめるから決めたけど、本当に良かった」と言ってくれた息子。

「25年ぶりにお婆ちゃんの台所姿を見ました」と喜ぶ孫。

自分の意思を行動に移せるって本当にステキなこと。でもそのステキなことについてまわるのが「リスク」。

行動に移さなければ転ぶこともないが、行動に移す機会が増えれば増えるほど、転ぶ可能性が高くなるのも自然なこと。しかも9人の入居者に対して、日中でさえ2人か3人の職員しかいない中では、じっとさせていない限り、防ぎようのない事故だって起こるのだ。

ご多分に漏れずこの婆さんも、入居して1年4か月後の3月1日に転倒・骨折し、13日に手術する事態になった。

「あそこまで取り戻せたのに悔しいし、痛い思いをさせて申し訳ない」

リーダーの悔しさに溢れたコメントを聞いて、僕はホッとした。人によっては、99歳の婆さんに無理をさせる必要はないのではないかと言う人もいる。でも僕は、僕にとって会社にとって婆さんにとって家族にとって、最期の最期まで人の姿で生きていけるように応援する職員たちは、誇りであり宝だと思っている。

婆さんは4月14日に退院してきたが、今度ばかりはさすがに職員たちもチャレンジしきれなかったようだ。そのままの状態を受け入れて「オムツの種類はどれが適切か」といった議論をしていた8月に出くわした。

「もう立てないのか?」

「もう無理です。立とうともしないんです」

「じゃあ、俺がやってみるわ」

僕はその道の専門職ではない。当たり前のことだが、決して無理に立たせるなんていうことはしない。婆さんの反応を見ながら、婆さんが自分の気持ちと力で立てるかどうかを見極めるだけである。

職員も固唾を呑んで見守る中、彼女は立った。立ったことを保持できたのだ。

僕がうちの職員たちのことをステキだなと思うのは、自分たちの中で「無理だ」と評価していた人でも、立った姿を目にしたら、「和田さんだからできるのよ」と傍観者にはならず、自分たちも僕の言うことに耳を傾けて追求していくことだ。

それから約3か月後、リーダーから呼ばれた。

「ベッドから自力で立って椅子や車椅子に移れるようにしているのですが、アドバイスを」

行ってみると、婆さんは顔中の筋肉を緩めたかのような表情で、他の婆さんと一緒にリビングで過ごしていた。でも、背もたれのある椅子にどんともたれかかって座っているのが気になった。

「婆さん、こっちへ移ってみよか」

椅子から椅子へ移る動作は格段に速く、力強くなっている。これならと思い、ショッピング・カーを準備。

「婆さん、この車のこの手すりに掴まって立ってみよか」

恐る恐る立ち上がったので、前へ進むように促すと一歩・二歩・散歩…歩けたのだ。

ついでに今度は、背もたれのない丸椅子に座ってもらうと、座った当初はもたれようとする。そこで、そのつど「背もたれはないで。気をつけてや」と情報を出す。それを何度か繰り返すと、背もたれをあてにしないで、自力できちんと背筋を伸ばして座ることもできたのだ。

うちのグループホームの職員はスーパーマンではない。飛びぬけた勉強をしているふうにも見えないし、そこに欲があるようにも見受けられない。どこにでもいるグループホームのスタッフと同じだとは思う。

でも違いがあるとしたら、『目指すべき生きる姿が明確』ということではないか。

うちのスタッフたちは「笑っている婆さん」を目指しているわけではない。楽しいとか優しいとか、そういった曖昧さも追いかけていないだろう。

ただひたすら「自分の力で自分のことができる」そんな婆さんの姿を追いかけているのだ。

僕は孫にメールを入れた。

「三歩歩けるところまでになったで。うちの職員をほめてやってな」

「ほめる」なんていう大人に対して失礼な言葉を滅多に使わない僕やけど、このときばかりは他に言葉が見つからず使わせてもらった。

「あきらめないでよかったです」

リーダーの言葉がさっき届いた。やっぱりステキな支援者である。

いよいよ婆さんは100歳を迎える。

認知症は個性???

研修会等で認知症を語る時、認知症のとらえ方について「病態としてのとらえがとても大事だよ」と話している。あわせて「認知症を個性だという人もいるが、決して個性ではない。個性なら治りたい、治してやりたいとは思わないだろうが、認知症という状態になった人の家族は、できることなら治してやりたい、元の姿に戻してやりたいと願っている人が大半ではないか」と話す。

認知症の原因疾患を解明して治療するために、巨額の研究開発費が費やされている。もちろん、ビジネスとしてとてつもないマーケットがあるためだが、それを世界中の患者は心待ちにしているのだ。

そんな話をいつもしているのだが、あるとき、研修後にメールがきた。
「私はアルツハイマー型認知症と診断されている53歳の者ですが、先日和田さんの講演会にお邪魔させていただきました。身体障害者、精神障害者の障害を障害と考えず、個性の一部だと考えるとらえ方があります。認知症も病気だととらえず個性だと考えると受け入れやすいと考え、私は自分の病気を個性だと思い、受け入れてきました。しかし国語辞典で『個性』を改めて調べると、『個人または固体・個物に備わった、そのもの特有の性質。個人性』とあります。病気を個性だというのは少し無理があると考え直しました。病気が個性でないと気づかせてくださってありがとうございます」

認知症が病態かどうかは僕にも定かではないが、病態というとらえ方はとても大切だと考えている。なぜなら僕らは、病態として起こっている現象に対して、基本的に問題扱いしないからだ。

インフルエンザで苦しがっている人に「うるさいな」、がんの末期で「死にたくない。怖い」って何度も言う人に「わかってるわ。何度も同じことを言うな」とは言わないし、そう思わないのは、その現象が病《やまい》から起こっていることであり、本人が一番苦しく、本人の努力ではもうどうにもならず、自分でこうしたいと思ってやっていることでもなければ、自分で止めることもできない。決して傍にいる私をいじめようとか苦しめよう、困らせようと思ってそうしているわけじゃない。そう思えるから問題視しないのではないか。往々にして問題視されやすいのは精神疾患である。

一般的な状態に至らなかった人や、一般的な状態が壊れた人自身が、自分にある一般的な状態ではない状態(いわゆる障害)を個性だというのはまったく問題ないと思う。つまり、メールを寄こしてくれた人が自分の病気を個性としてとらえることは何ら問題ない。好きにとらえていいのだ。

しかし、一般的な状態にあって一般的な人の姿で生きていることのできている人が「障害は個性」「認知症は個性」だと言うのは、一般的な状態にある者のおごり以外の何ものでもない。そこに差別や選別、偏見のようなものが入り込みやすいのだ。特に精神疾患や伝染性疾患はその対象になりやすい。

決して、認知症は個性なんかじゃない。誰もが願っているのは、一般的な人の姿なのだから。そのことを決して忘れてはならない。

「大変」ではわからない

行動するときには言葉が必要だが、その言葉には相手を説得する（説得力）というよりも、相手を納得させる力（納得力と僕は言っている）がないと伝わらない。ところが、僕らにはその素になる「実状に客観的な観点（法律や制度、基準など）からの考察を加えて言葉にして伝える力」があるのだろうかと思うことが多々ある。なぜなら、研修会での質問やブログのコメントなどを見聞きしていると、情緒的・曖昧な言葉が多すぎて、本質的な問題点を浮かび上がらせることができていないことが多いからだ。

それでも、情緒的に共感してくれる人たちの中だけで語り合っているためか、共感してくれる仲間がたくさんいるという錯覚に陥り、聞いた人もその中身を掘り下げて深めるなど鍛えることもしないため（鍛える力がないのかもしれないし、論争を避けているのかしれないが）、何となくお互いに「つもり」「つもり合い」のまま、ことがすすんでいるように感じている。

たとえば、『うちの施設に、かかわりのむずかしい方がいらっしゃいます。けれど、職員がいなくて、かかわる時間がとれないんです。目を離すと転倒しそうな方が多く、トイレも随時行っているため、職員の心の余裕がありません』あるいは『介護職員が集まらず「こうしたい」という気持ちはあってもできない現状があり…』という類《たぐい》の話をよく聞くし、研修会などで質問してくる人の話の中でもよく出てくる話だ。

こんな話を聞くと心がズキズキ痛むし、ホンマに疲弊しているんだろうなという雰囲気は伝わってくる。しかもこの仕事に就いている人たちには、現場の人たちが話してくれていないところまで見えるから（見えそうだから）、なお共感してしまう。

でもこの話から、問題点はまったく見えてこない。何がむずかしいのか、職員は何との比較で〝職員がいない〟と言っているのか？？？だ。かかわる時間はどれほどほしいのか、こうしたいことには何人の職員が集まればいいと考えているのか。また、解決できることなのかできないことなのかなど、先もまったく見えない。

何にも見えないのに「何となく大変」というだけで「大変の共感」を生み、「大変の連帯」が広まってしまう。

ここはひとつ「大変」という言葉やそれに近い曖昧な言葉（前述の「むずかしい方」など）を使うことをやめて、話をしてみてはどうだろうか。

例1

グループホームで働く管理者です。2ユニット定員18名のホームですが、1ユニット9名に対して次のように職員を配置しています。

9時から12時に2人、12時から18時に3人、18時から21時に2人、21時以降翌朝9時まで0.5人（2ユニットで1人）です。

夕方になると必ず、Aさんが「帰ります」と言って外に出られます。また、認知症とは違う病気が原因で「死にたい」と言っては自傷行為を繰り返されるBさんがいて、その行為は夕方から夜間就寝前までの間に起こるのですが、どの時間に起こるかは定かではありません。居室にこもっているので時々見に行っています。その方も、傍にいてあげるとまったくそのような行為はみられません。

18時までは3人の職員配置なので何とか応じることができていますが、18時以降は2人になるため、申し訳ないのですが、まず玄関を施錠して閉じ込めることにしています。どんな訴えがあっても出しません。

1人の職員は入居者（C・D・Eさん）と一緒に食事の準備に入るため、キッチンに張り付きます。残りの職員1人が、Bさんを見に行きながら、排泄に介助が必要な方（F・Gさん）の支援にあたります。FさんとGさんはほぼ全介助状態で、排泄行為中職員はその場から離れられません。

リビングにはHさんとIさんが残っています。2人とも何とか動ける・歩けるのですが、介助なしでは危険な状態です。それがわかっていてもキッチンに1人、トイレに1人つきっきりになる時は、HさんとIさんは放置状態にならざるを得ません。

そのため、2人がトイレに行こうとして立ち上がろうとした時に、よろけて転んでしまったことが数回ありました。

試行錯誤の結果、HさんとIさんが自力では立てないように、椅子に深く腰かけさせてテーブルの奥深くに座ってもらう（テーブルに差し込むように）ことにしました。すると「あっちへ行く！　バカ」と大きな声で叫ばれることはありますが、自力で立ち上ることはできなくなりました。あわせて、トイレに間に合わないことになると申し訳ないので、せめてもの気持ちでパッドを着用させていただきました。パッドの中で排泄されていることもあります。また、Hさんが大きな声を出すと他の人も不安がり、混乱したかのように独り言を言い出したりします。大きな声を出されるHさんを部屋に閉じ込めることも考えましたが、さすがにそこまではできませんでした。

大きな声を出さざるを得ない状況に追いやり、本来ならば必要のないパッドをあて、かかわりがもてなくて他の入居者を混乱させてしまっていることに、自分も職員も矛盾を抱えていますが、家族から「転倒させないように」と苦情をもらっているため、そちらを優先せざるを得ない状況です。

できるだけのことはしているつもりですが、職員のストレスは高まるばかりです。

9時から18時の勤務者（日勤者）2人のうち1人の勤務時間を11時から20時に変更して、夕方から夜に人手をかけることも検討・試行したのですが、今度は朝の時間帯に支障が出るため、「どっちもどっち」の状況になります。そのため、朝を手薄にすると夜勤明けの職員に負荷が大きすぎると判断して、勤務時間の変更はしませんでした。

でも、現実的には2人の職員で対応できないので、2人のうちどちらかの日勤者が退出時間の18時では帰れず、20時頃まで残ってくれています。

理解してくれる経営者なので残業代を要望したのですが、もともと基準よりも多く人員を配置していることもあって、人件費比率が介護報酬の70％超にもなっていると聞き、みんなも経営者を信頼しているので、仕方なくサービス残業で応じています。

夜間帯は入居者18名に対して1人の職員ですが、1人夜勤に不安をもつ人が多く、それが理由で辞めていくし、それが理由で新しい人が入ってきません。経営者は背に腹は代えられないと、夜勤者をユニットごとに1人配置することを検討してくれると約束してくれています。そのこともあってなお、残業代を出せないと言われています。

かといって、現状の制度ではこれ以上のことを要望できないことも理解しているつもりです。どのようにしていけばいいのでしょうか。

例2

人口50万人ほどの地方都市にある特養で仕事をしている者です。

自分のところでは、夜間帯を除いて利用者50名に対して職員数が7人、入浴時で9人配置されています。施設全体は定員100名で、人員配置基準の常勤換算3対1を上回る40・2人の介護職が配置されています。

ところが昨今の人手不足の影響で、結婚や配偶者の転勤など引き留めようのない理由による退職者の補充ができず、基準配置ギリギリの34人で運営しています。法律上は問題ないようですが、実態的にはこれまでの職員数よりマイナス6人となっており、利用者の生活に影響がでてきています。

具体的には、利用者の動きを制止することが多くなり、かかわりの時間が少なくなり会話をする機会が減りました。

職員がかかわって食事の準備を一緒にするなど、利用者同士の関係を築くことにも着手していたのですが、今は引き離してトラブルにならないようにしているだけです。

毎日1、2名の利用者と一緒に買い物に出かけるなど、施設に閉じ込めた生活ではなく、ささやかながら社会生活への取り組みをしていましたが、それもできなくなりました。

それまではフロアや玄関を施錠することもありませんでしたが、今はフロアを施錠しています。

もちろん、食事や排泄、入浴など基本的なことに支障はきたしていないので問題にはなっていませんが、職員には矛盾や不満が起きており、仕事への意欲も下がっているように感じます。家族からは不満というより、利用者の状態が悪化するのではないか、職員が辞めていくのではないかと心配いただいています。

そのなかで今一番の困りごとは、職員の意欲が低下してきていることです。経営者も含めて一生懸命利用者の生活の質を引き上げるために取り組んできたことが、今ではほとんどできなくなりました。これが一般的な人員配置であり、一般的な特養の現状なのかもしれないと思っていますが、やるせなさにやる気をそがれているのが実状です。

職員会議を通じて施設長からは、求人広告もこれまで以上に幅広く展開し、時給もアップして挑んでいるがまったく応募者がいない状況だと聞かされました。

この仕事そのものを離れようと考え始めた同僚もいます。何とかならないものでしょうか。

例3

訪問介護の仕事をしています。一人暮らしで身寄りがなく認知症のある方を訪問しているのですが、曜日を憶えられないため、行っても留守のときがあります。また、戻ってくることができず、警察に保護されることもしばしばです。一応警察には事前に情報を届けてあるようで、保護されれば自宅までは連れて帰ってもらえています。衣類に名札をつけたりもしましたが、気になるようで、見つけると引きちぎってしまいます。

サービスに入り買い物や料理を一緒にすると、昔から料理が大得意だったようで、とても生き生きと楽しそうにされ、まだまだできることもたくさんありますが、いかんせん時間がかかり、予定時間をオーバーすることもしばしばです。経営者も交えて相談した結果、この方には1時間以上の余裕をもって訪問に入っています。

一人暮らしで、ヘルパーがいるときしかガスが使えないようにしてあるので、買い物や料理が本人の唯一の楽しみになっているのかもしれません。

本人は自宅を離れることに抵抗感が強く、デイサービスなども検討したようですが、ケアマネジャーもお手上げの状態です。グループホームや施設への入所も検討しているようですが、どうやったら説得できるか、その場は納得しても憶えていないので、どうしようかと悩んでいるようです。

私自身、まだまだ自宅で自由に生活するほうがこの方には合っていると思います。上司にも相談していますが、現状の訪問介護では対応できないのも事実です。

このような方が自宅で生活を続けていくためには、どうしたらいいのでしょうか。

僕はこうしたことを考えるときは「構造的なこと」と「経営（運営）のこと」に切り離して整理することにしている。

構造的なこととは、介護報酬や運営基準上の人員配置数・基準常勤時間数など国が定めた法的な枠組みということであり、経営（運営）のことというのは、その中でどんな運営をしているか、どんな職場かということだ。

つまり、こうした問題を国の責任にするのではなく、経営者の責任にするのではなく、現場の責任にするのではなく、この業界全体が抱えている問題点は何かということをひとくくりにしないで、分解して考えてみるということだ。

そうやって考えていくと、「職員がいない」「疲れている」「余裕がない」「困っている」「手に負えない」など、つまり「大変」という言葉に代表される情緒的な表現では分解のしようがない。情報がなく・曖昧だと、解析できないのだ。

例1から**3**を読み比べてみて描いてみてほしい。経営者の姿勢、職員たちの意識、何のために何をしてきたかという事実、それが崩壊している実態、解決への挑みと限界などが見え、その上で、制度の現状や国全体の労働環境の変化などによる構造的な問題点もやや見え隠れしていることに気づけたのではないか。

今回はあえて問題を投げかけたまま終えることにするが、みなさんの反応をみながら、改めてこれを深めていきたい。反論もいっぱい待っていますね。

＊
ここで例示したコメントは、本来はそこ（本質的な問題点）まで書きたかったのかもしれませんが、あえて「曖昧な表現の例」として使わせてもらいました。ご勘弁を。

見えないところが見える専門職+小さな変化も見える専門職

転んで擦り傷を負った。皮がむけて血がにじんでいる。僕にもその状態は見えるし、見えるぶんだけ自分でも何とかなる。ところが、同じ転んだことでも、見えるところだけが損傷するとは限らず、目には入らないが痛みがあると医者にかかる（自分には何がどうなっているかわからないため）。

つまり医者が凄いのは、僕ら一般人には見えないことが見えるところであり、それが医者の専門性である。

あるとき連絡がきた。

「和田さん、少しAさんの様子がおかしいのですが」

「どした？」

「いや。具体的なことはどう説明してよいのかわからないのですが、今までとは立ち上がり方や歩き方が違うように思うんです」

行ってみると、確かに立ち上がるときに足の運びがそれまでのAさんとは違うし、歩く姿もつま先の上がりがほんの少し悪くなっている。

僕は素人ながら「頭かもしれん」と思い、すぐに医者にかかるように指示を出した。その結果、硬膜下血腫と診断された。あと1日遅れていたら生命の危機だったほど深刻な状態だったが、わかりにくかったのは、出血が少量で長い時間をかけて重篤化したため、と説明を受けた。

職員に聞くと、変化に気づいたのは木曜日。金曜日に訪問看護が入るので「様子をみよう」と判断し、金曜日に来た訪問看護師も「様子を見よう」と判断した。結局、僕を呼んだのが日曜日という経過だった。

入居する前は独居で身寄りなし、入居3か月時点での話だ。

これを分解して考えてみよう。

僕が婆さん支援の中でみんなに言っているのは、次のとおりだ。

◆入居直後の時点で、入居者の見えない箇所の状態を知るために、かかりつけ医と綿密な関係をもってことにあたる。特に入居前の状態が、医者と縁遠い様子ならなおさら、知るための手立てをとる。

◆入居後の状況を知ることを積み上げ、積み上げた情報を元にして、約1か月後には〝状態像〟(その人の人となり)を明確にする(カンファレンス)。そしてその状態を〝ゼロ〟と考え、以降はそれに比する変化を見逃さないようにする。
◆変化に気づいたら、早め早めに手立てをとる。特にこの事例のような健康管理面では、客観的条件が有利なときにことをすすめる。
◆見えない箇所を「知る」手立てを定期的にとる。

ここでいう「客観的条件が有利なとき」とは、この国の事情を指す。医者が稼働している絶対数が多いのは月曜日から金曜日、時間でいえばおおむね9時から18時頃まで。グループホームで婆さん支援にあたる職員が複数配置されている時間帯も、おおむね9時から18時である。

つまり、見えないところが見える専門職（医者）が多く選択の幅が広い時間帯と、変化が見える専門職（現場の職員）が多く（たかが2人か3人だが……）動きのとりやすい時間帯が重なっていることと、土曜日・日曜日、夜間や深夜・早朝はその逆だということを知っておくということだ。

そこで前例を考察すると、
◆木曜日の時点で医者にかかるか、その時間帯によっては金曜日にはかかっておくべきだった。

◆看護師は、見えないものが診える専門職ではないにもかかわらず、医者と同じ医療職というくくりで考えてしまい、判断を委ねてしまった。
◆Aさんの〝ゼロ〟をよく知っている職員が、その変化には気づけていながら、「これはおかしい、診てもらおう」と確信をもつまでには至らなかった。違う言い方をすれば、「何か大変な病気やったらどうしよう」「一人夜勤のときに何かあったら」という〝びびり〟が足りなかった。

ということだ。

幸いにもこの婆さんは命をつなぎ止め、元気に暮らしている。

施設の有利な条件をその人が生きていくことに活かしていけるかどうかは、いくら客観的要件がよくても、人が人を支える仕事だけに、支える側の「人」が鍵を握らざるを得ない。

つまり、独居や老人世帯といった状況よりも、グループホームや特別養護老人ホームなどの施設は、専門職が24時間を通してかかわっているぶん、変化に気づきやすい要件をもっている。

しかし、いくら要件をもっていても、変化に気づけなければ、また、変化に気づけても手立てをとらなければ、手立てをとっても手立てが適切でなければ、宝のもちぐされということで、「専門職はやっぱり違う」と感じてもらえないだろう。

これはデイサービスなどの通所系も、ホームヘルプなどの訪問系も基本は同じ。24時間施設と違うのは、かかわる時間が短いから変化に気づきにくいというだけで、時間が短いから気づけないということではない。

そして重要なのは、その気づきも手立ても、関与は「人」だということである。せめて僕らにできることは、本人にとっては入りたくもないのに連れてこられた施設だろうが、「ねっ、役に立つこともあるやろ」って、ちょっぴり誇れる仕事をすることぐらい。それもこれも、自分だけではできない。専門職が知り合って手をつなげばできるということでもない。真ん中に婆さんをおいてしっかり『合える関係』があればこそ、強力な威力を発揮するのだ。

世の中的な言い方をすれば、全国あちこちで「医療と福祉の共力合挽コンビ」が出現できれば、もっともっと婆さんの生きる世界は変わってくると確信をもっている。

診える・みえる　見ないものが

デイサービスで、認知症のない利用者が、認知症のある利用者に対して「あっちへ行け」とか「あんなふうにだけはなりたくないいね」など毛嫌いしてしまう。どうしたらいいのでしょうかという質問をよく受ける。

また、認知症のある人しか利用できないグループホームや認知症デイサービスで、利用者が利用者に対して「あんた、おかしなことするね。だめよ」とか「この人は、いつもおかしなことをするんだから。あっちへ行ってちょうだい」などと毛嫌いしてしまう。どうしたらいいのでしょうかという同様の質問もよく受ける。


皆さんが転んで膝を擦り剥き、出血して痛みが出たとき、まずは自分で判断して傷の手当てをし、痛みをこらえて時間を待つ人が大半ではないだろうか。その状態で受診する人はいないのではないか。

でも、転んでもいないのに痛みが出て、それが続くとどうするか。きっと医師に診てもらいに行く人が大半だろう。他にも頭が痛むとか、腹が痛むとか、自分の目に見えないところに痛みが出現してそれが続くと、見えないだけに心配になり、医師に診てもらいに行くのだろうが、ではなぜ、見えないときは医師のところに行こうとするのだろうか。

それは、医師は「見えないものが診《み》える」という専門性をもち、いくら一生懸命見ても診えない自分とは違うということを知っているからではないだろうか。そして、医師はより診えるように、高度な機器や検査技術を使いこなす専門性をもつ人々と連携して、正確に診ようとする。そこへつなげることができるのも医師の専門性だから、まずは医師のところへ行くのではないだろうか（それが証拠に、それを知らなかった子どもの頃は、自ら受診できなかったし、ジャングルの奥地に住む人々には想像さえできないことだろう）。だから診てくれない・診えない医師のところには二度と行かない。専門性を感じられない医師のところには行こうとしないのも当たり前である。

これは医師に限ったことではなく、僕も、普通の人には見えないものが〝みえる〟。それは僕だけではなく、この国にはたくさんいる。

僕は、婆さんがどんなとんちんかんなことをしても驚かないし、叱ることも責めることもしないのは、とんちんかんの原因が〝みえる〟からだ。

だから、目的や意味を失った婆さんが「家に帰ります」というのを帰宅欲求なんて言わない。理解や理解の継続ができない状態で、オムツ交換の時に嫌がって職員に手を振りかざすからといって、それを「暴力・暴言のある人」なんていう言い方はしない。

それもこれも「脳が一般的な状態ではなく壊れていれば、こういうことも起こるやろな」と診えていることから考え、「自分の意思とは無関係に連れて来られたら、ああいうことも起こるやろな」「そりゃ起こるほうが普通」だと、見えないことを考察する（察する）ことができるからだ。だから、受け止めようとするし、応じた手立てをとろうとするのである。

そこが〝みえない〟人とは違うということであり、それを専門性といい、それを備えている人のことを専門職というのではないだろうか。

でも僕だって、その人の中にある原因がわかっていればこそで、わからないときは受診してみたり、情報をもっている家族や知人に聞くなど、連係や連携で〝みえる〟ようにするのだ。

さて、それを踏まえた上で本題に戻りたい。

認知症のない利用者は、認知症のある利用者のことを、僕らのように〝みえる〟だろうか。認知症のある利用者は、認知症のある他の利用者のことが〝みえる〟だろうか。

もし〝みえない〟としたら、僕らと同じように受け止める・手立てをとることを求めるほうが無理なことではないか。こんな偉そうなことをいう僕だって、婆さんのとんちんかんを初めからこんなふうに受け止められたわけではなく、〝みえるようになってきた〟からに他ならないのだ。

だとしたら、〝みえない〟利用者を責める前に、〝みえるように手立てを打つ〟ことが必要となる。

あるデイサービスで、認知症のない利用者に認知症の話をした。そこでも同様のことが起こっているというので、話しに行ったのだ。

ひととおり認知症のことを話したあとで、参加してくれていた半身まひの人をつかまえてこう言った。

「○○さん、あなたが駅で切符を買おうとしていたとする。半身まひで不自由な身体で思うようにならず、不慣れな自動券売機と格闘していたその時に、後ろに並んでいた僕から『じいさん、早くしてくれよ』と言われたら、あなたどう思う」
○○さんは何も応えようとはせず、じっと聞いていた。
「ぼくが○○さんならこう思うわ。『おにいちゃん、俺かてな早くしたいんや。俺もおにいちゃんと同じ身体の時にはできたんやけど、できんようになったんや』って。○○さんかて、そう思うやろ」

続けて、

「でも○○さん、そんなこと言われたことないやろ、駅でもデイサービスでも。なんで言われへんかわかるかい？　それはな、あなたが身体に障害があることを周りの人に全部見せてるやろ。だから周りの人も『この身体では同じようにはいかんわな、さっさと切符を買うわけにはいかんわな』と思えているから受け止めてくれているということやで」

じっと聞いていた○○さんだけでなく、他の利用者にも続けてこう話をした。

「脳が壊れても、今とは同じようにはできんようになるんやで。でも、脳が壊れているのは他人には見えないやろ、だから脳が壊れている人は差別的な扱いを受けてしまうねん。ここ（デイ）も、脳が壊れる病気の人がたくさん利用されている。みなさんはすでにご存じだと思う。ここは身体が壊れているか、脳が壊れているか、どっちも壊れているか（笑）、そういう人がここには来るんやから、身体が壊れてなかったら『脳の病気かもしれん』って察してやってな。受け止めてやってな。互いに望んでもいないのに壊れてしまった者同士やん、助け合っていこな。そのお手伝いは職員がさせてもらいますからね」

僕の友人も、デイケアの利用者に同様の話をして（きっと僕よりも上品やろうけどな）、お互いに助け合う関係性を築くことにつなげられたと言っていた。

でも、認知症のある人にそんな話をしても同じような効果を期待するのは、期待するほうに無理がある。なぜならば記憶障害をもつ認知症では、その情報をストックできないと考えられるからだ。

そのことさえも〝みえる〟僕らは、そんな手立てはとらない。脳に働きかけをしても効果が薄いのなら、別の手立てをとる。その手立ての向かうべきところは「お互いに助け合って生きる者同士の実感関係」の構築である。頭で理解する関係ではなく、実感できる関係づくりだ。

僕の周りの人たちも、僕のことが〝みえる〟人たちは僕の言動にいちいち反応しないが、僕のことが〝みえない〟人たちは「?」を投げかけてくる。あるいは、遠目に「?」で見ている。〝みたい〟人たちは、〝みよう〟と行動をとるため距離を縮めてくる（そばに近寄ってくる）。さらには話しかけてくる。さらには質問してくる。さらには「再び」をつくろうとする。つまり、情報収集の機会を増やしていこうとするのだが、誰もがそういうものだ。

みえないものをみえるようにしていくのは、みえることによって獲得したいものがあるからで、獲得したいのならみえることが大事でなり、みえているひとが補ってくれることによって、みえなくても獲得できることもあるということだ。

平気は兵器

デイサービスセンターに通ってくるようになったお富さん（仮名）。いつも不安げで怯えたように震《ふる》えている。他の利用者からは「もう、あの人は…おかしな人」と、いつもそういう目で見られ、嫌がられていた。

あるときとても興奮して、いつにも増して身体の震えもひどい。先輩職員たちは「放っておけばいいのよ」「触れないでね」と、かかわろうともしない。

自分がしゃしゃり出るのもどうかとは思った新人の佳代（仮名）だが、持ち前の正義感と婆さんへの思い、この仕事への情熱から放っておけるはずもなく、先輩の声を無視して婆さんにかかわった。

「お富さん、おトイレに行きましょうか」と小声でそっと話しかけると、返事はなかったが歩き出してはくれた。

「よかった」内心ホッとした佳代だが、実はどうしてよいものか皆目検討もつかないままの咄嗟《とっさ》の声かけだったのだ。

トイレに着くと、佳代は「いやー、どうしよう。どうしていいかわからない」と思いつつ、とりあえず気持ちを安心させてあげたい一心でお富さんを抱きしめ「お富さん、大丈夫だよ。私たちがいるからね。私がいるからね」と、本心から出た言葉をかけた。

すると、興奮して震えていたお富さんは、空気の抜けた風船のようにフーッと体中の力が抜けていった。それに呼応するかのように、佳代も脱力。

「やったぁ！　よかった」

わけのわからないままにとった咄嗟の行動だったが、佳代の「プロとしてできることは追求すべきで、諦めてはいけない」「一人の人間として何とかしてあげたい」という思いは十二分にお富さんに届いたようで、興奮はおさまった。

二人でトイレからフロアに戻ると、お富さんの穏やかな姿に先輩職員たちはびっくり。「あなた何をしたの？」と怪訝そうに問われた佳代は「抱きしめただけです」と憮然と答えた。

佳代が抱いた先輩たちへの不信。

結局そのデイサービスセンターは、面倒みきれないからという理由で、お富さんを辞めさせることにしたのだ。佳代の不信はなおいっそう強くなる。

最後の送りのときに添乗したのは佳代。お富さんを車から降ろした後、お富さんの家族から涙ながらにこう言われた。

「あなた方は専門なんでしょ。専門職がみられないなんておかしくないですか。うちのおばあちゃんは、どこにいけばいいんですか。だれを頼ればいいんですか」

佳代は悔しかった。

「あなたの言うとおりです。私もおかしいと思います」

どれだけその言葉を家族にかけたかったか。この仕事に就いて初めて泣いた。

佳代は、介護の仕事が好きで好きでどうしてもやりたくて始めたのではない。「介護はこれからの仕事で成長株だから」ぐらいの感じで、専門学校で介護福祉士の資格をとり、この業界に飛び込んできたのだ。

就職した施設ではどうしても納得いかないことが多く、いったんはこの業界から去り、介護関係以外の職を転々としたのち、もういちど婆ちゃんたちにかかわってみたくなって戻ってきたのだ。

『大逆転の痴呆ケア』も読んだ。それまでとは違って仕事を一生懸命考えるようになり、ものの見方も随分と変わってきた。すると、以前働いていたときは「職員はまともで婆さんが変」と思っていたことが、出戻った今は「婆さんはまともで職員が変」と思うようになったと振り返って笑う。

お富さんの件は、そのことを如実に裏づける事件だった。

佳代は再びこの業界を去っていくかもしれない。実にもったいない、社会の損失である。

介護業界の人手不足が問題視されているが、その大きな原因に介護報酬の低さがあることは間違いない。僕もそのことをずっと指摘している。でもこの業界の問題は、お金だけではない。それもずっと言い続けているが、経営者も現場の人間も変わらなくてはいけないことがたくさんある。

社会から尊敬される専門職にならなければ、社会から認知されず、歓迎されず、支持してもらえないのも当たり前。そして真面目に取り組む専門職がこの業界から去り、この業界に来なくなることだろう。

気に入らなければ、手に負えないと感じたら、追求もしないで平気で放り出す事業者。まさに「平気は兵器」なのだ。放り出されたほうは、無防備でやられっ放しである。苦情窓口など逆襲の武器はあるが、使いにくい。

こんなことでは、介護職の社会的待遇は上がっていかないだろう。自浄力をもたなければならないと再考させられた事件である。これは紛れもなく事件である。事件だと認識できる介護関係者がどれほどいるか、そこが問題である。

面倒みられないなどと平気で断る・放り出すことが、介護の世界をも吹き飛ばすほどの兵器になることを僕らは肝に銘じておくべきである。

＊名前はすべて仮称です。

研修参加マニア

最近ふと感じたことの一つに、専門職が研修会に参加することで婆さんの生きる姿はどれだけ変わってきているのだろうかということがある。

お上は研修を義務づけ、経営者や管理者は、お上からの実地指導、外部評価・情報公表など「研修に参加させているか」の責めから逃れるかのように研修会に職員を送り込み、職員も研修会に参加したがる。

だから研修会の数は多くなり、研修履修者も研修参加回数も増えていくのだが、増えても婆さんの生きる姿が変わっていかないとしたら、参加実績を収集するマニアでしかないことになる。


僕の研修会を題材にして考えてみよう。

「和田さんの話は面白かったです。今度は○○さんのお話を聞いてみたいです」

研修会の感想文に寄せられる受講者からの声に、何とも言えない心模様が僕の中に出現してくる。ありがたい言葉だし悪くはないが「この人は何がしたいのだろうか」「映画を観に行くのと変わりないのかな」と疑問をもつ。

「和田さんの研修会にうちの職員が参加して、しばらくすると施設の中の景色が変わっているんですよ。それまでは風呂から出ると職員が利用者にドライヤーをかけていたのですが、できる人は自分でかけているんです。それだけではなく、できそうにない利用者をできる利用者がかけてやっているんですわ。ハハハ」

九州にある老人保健施設の責任者から、婆さんにとって力強い話を聞いたが、研修に出て婆さんの生きる姿が変わったわかりやすい例である。

僕の話を聞いてくれて共感してくれる専門職はたくさんいるが、それをきっかけに、

「施設を施錠して閉じ込める時間が減りました」

「業務の見直しをして、外に出る機会が1年に数回からひと月に1回になったんです」

「利用者の能力の見極めに力を注ぐようになったことで、できることは自分でできるように応援するようになってきました」

「これを機会にデイサービスの社会的な役割をテーマに話し合いをしています」

「飲み物にバリエーションをもたせたので、利用者が選択できるようになったんです」

「全面的に支援策を変えて、今では利用者が主体となってさまざまなことができるように応援する施設になりました」

温度差はあっても、僕が皆さんに伝えていることから皆さんが共感してくれたことで、具体的に支援策が変わり、婆さんの生きる姿が変わってくることになっていかないと、専門職の中に考え方や方策だけが貯金され、人前でいっぱしのことは言えても実像がないということになる。

先日も、家族・市民が半数、専門職が半数の講演会で、家族の方が質問をくれた。おそらく断腸の思いでぶつけてきたのだと思う。

「自分の母は認知症なのですが、どこのショートステイに行っても断られてしまいます。どうしたらいいのでしょうか」

僕は穴があったら入りたい恥ずかしい気分になり、つい同業仲間である専門職に向けてキツイ言葉をかけてしまったのだが、そこに参加していた専門職たちは、この研修会を通じて「専門性」について「社会的役割」について感じたことだろうし、非専門職である市民に対して「今度からは、任しといて」と言うようにならなければ、市民の声を聞いたことを活かせないことになってしまう（そう思えるように僕が話をできたかどうかにもよるが）。

僕の話に限らず、共感できなかったことは実施しようと思わないのは当たり前のこと。でも「そうやな」と共感できたことは、共感しただけにそれを実施に移せるように動いていいはず。

でも、実施に移すための行動を起こさないで共感しているだけではマニアの域を出ず、共感したことを自分の中に貯め込んでいるだけでは、婆さんの生きる姿を変えることはできない。

「自分だけでも変わっていければと考えて」という人も多いのだが、自分一人でできることなんてたかがしれており、仲間を増やさないとできないことだらけである。

研修に参加できる機会が増えることは、専門職としての「ちから」を高めるためには必要なことであり、参加の機会が増えるのは大いに賛成だが、それが「婆さんの生きることを支える＝生きる姿＝取り戻し」につながらなければ、大いなる国民的損失である。

婆さんの生きる姿を少しでも一般的な人の生きる姿への取り戻しに活かせるように、研修を通して専門性を高めていこうではないか。

研修で話す側の僕も「講義マニア」と言われないよう、もっともっと「そうやな」と皆さんが共感できるように、共感してもらえたことを実施できるように、この国が実施しやすい環境になれるように尽力していきたい。

靴の鈴

およねさんの足元、靴には鈴がついている。この鈴を巡って、周りで喧々諤々の議論が行われていようとは、およねさんは知る由もない。

およねさんは認知症で、施設に入所させられている。彼女は健脚で元気そのもの。施設内をあちらこちらと歩いて回っては、植木鉢の土を口に含んだり、下膳する食べ残しの食べ物を口に入れようとしたりして、周りは困っている。

そんなおよねさんの行動に対して打った専門職たちの手立てが「靴の鈴」だ。

およねさんが行動を起こすと鈴の音が施設内に響き、その音色を聞いて専門職たちが動き、およねさんの行動を止めるという手立てである。

ご家族はこの鈴が気に入っている様子で、歩くたびに鈴が鳴って「かわいい」と言ってくれているし、そうやって行動を察知して制止することに賛成している。

ここまでの話なら、丸くおさまっているかのように思えるが、ここに波風を立てる専門職が現われた。医者である。

医者の本当の意図はわからないが、「鈴をはずしてやりなさい」と言い始めた。それを聞いた看護師の遥さんは「この鈴は拘束なのではないか」という疑問をもち、「これでいいのだろうか」と考え込んでしまい、「和田さんの意見を聞かせてください」と問われたのだ。

まずはおよねさんの行動のとらえ方である。

◆24時間を通して自分の意思を行動に移すことができている。歩行能力全般が一般的な状態である。

◆口に含みたいと思ったものを口に含む能力もある。食べる行為全般が一般的な状態である。

◆一般的に考えてみて、あるいは食べ物以外のものを食べるという生理学的な面からみても、およねさんが食べることや食べるものは一般的ではないと考えられる（問題ととらえるほうが一般的）。

つまりおよねさんの問題点は、歩くことではなく、食べることでもなく、「何でも食べてしまう」ということになる。

次に、およねさんへの支援の量（職員配置）はどうなっているかである。

◆24時間を生きる入所者1名に対して、平均2時間程度しか支援量がない。
◆日中の時間帯でも、入所者8名に対して1人の職員がいるかいないかである。

こうして整理すると、およねさんは「いつ意思を行動に移そうと歩き出すかわからない」「いつ何かを口に含むかわからない」(以後、問題)という状態であるにもかかわらず、およねさんの問題点である「いつ、何を口に含むかわからない」ということに24時間対応するためには、およねさんに専属の支援者をつけない限り実質的には不可能だということがみえてきた。


さてここからだ。

およねさんの「問題」は歩くことではないのだが、歩けば歩くほど「問題」が発生する確率は高くなる。だから手立てとして、大きくは「歩かさないようにして問題が発生しないようにする(掃討作戦)」か「問題が発生した事実に対して対処する(善処作戦)」という2つの道からの選択になる。

この施設の人たちは「歩かさないようにする」ではなく「靴に鈴をつける」という手立てをとった。ではなぜ「靴に鈴をつける」という手立てをとったのか、その訳を考えてみることにしよう。

いつ歩き出して何を口に含むかわからないというおよねさんの状態に対して、四六時中職員が付いていていられない状況がある。その上で、歩くことそのものを止めるのではなく、およねさんが歩き出したら職員にそのことがわかるようにして、そのつどかけつけて行動を制限する。面では応対できないから点で応対しようということだ。

歩くことそのものを制限するわけではないので「行動制限、抑制」しているとはいえないと考えてとった手立てなのだろうが、鈴をつけていることそのものが人権問題ではないか。そんな医者の声に聞こえたのだから、考え込んでしまうのも無理はない。

でもその手立ても、職員たちがなぜそうしたのか、その理由によってはそうともいえない

ということに辿りつけるのではないか。「行動を制限するために鈴をつけた」のか、「可能な限り行動を保障するために鈴をつけた」のかでは、全然「鈴」の意味が違ってくるのだから。

つまり、およねさんの「問題」を解決するためにいろいろな角度から考えた結果、可能な限り行動制限をしない手立てをとることにした。だから当然、歩かなくさせるという手立てはない。でも、およねさんを面で支援する体制はとれない。そのため、いつ「問題」が発生するかわからない状況がある。その客観的な状況を踏まえた上で、なおかつ行動制限を最小限にするための方策として、靴に鈴をつけることにした。歩き出すと鈴が鳴る→鈴の音に職員が気づいておよねさんの元にかけつける。かけつけるまでの時間、およねさんの行動は制限されない、ということである。

これは「行動の保障（主体的な行動の応援）」という視点から考えた現時点でのベター策であって、困ったことが起きたらすぐにわかるようにして対処しようという「問題行動対応策」とは根本的に違うのだ。同じことをしていても、その思考背景が違うととらえ方が違うということであり、そのことがものすごく重要なのだ。

そう考えてとった「靴の鈴」なら、医者が鈴をはずそうと言ったことと、靴に鈴をつけたこととは、およねさんという「人に向かう支援の基本は同じ」だということになる。

僕らはいつも「本来はこうあるべきだ」という基本思考をもって、その思考と現実的な制度など支援システムとを照らし合わせながら「よりベターな路線」をとるしかないのだが、その基本思考が「認知症になっても人として」ということであり、人としてということは、憲法に保障された基本的人権は認知症になっても普遍的に保障されなければならないと考えていくということなのだ。

もちろんこの話の展開は、靴に鈴をつけるという手立ての前にいろんな角度から思考・試行して、これを実践していることが前提の議論ではある。

およねさんの周りに「認知症のおよねさん」というとらえ方ではなく「およねさんは認知症」というとらえ方をしている支援者がいっぱいいることに、嬉しくなった話である。

遥さん、みんなでよーく話し合ってみてね。とってもステキな題材をありがとう。

＊文中に出てくる名前は仮名です。

なかまどうし

仲間と元気ある行動をともにすると嬉しくなる。「仲間」を辞書で調べると「[1] ある物事を一緒になってする者 [2] 同じ種類に属するもの。同類。」とある。

よく「同じ匂いがする奴」のことを「同類や」なんて言っていたが、間違っても仲間だとは思わなかったし表現しなかった。でも意味としては仲間でも通じるということだろうが、同類やったらまだええけど「同じ種類に属するもの」となると、ニュアンスはだいぶ違ってくる。

僕はよく仲間という言葉を口にするが、それはきっと［2］ではなく［1］のことで、「ある物事を一緒になってする者」のほうだ。

では僕にとっての「ある物事」とは何か、その何かを「一緒になってする者」とは誰なのかということになってくる。

グループホームで施設長をさせてもらっていた時の「ある物事」とは「目の前の入居者が生きることを支えること」であった。

それを「一緒になってする者」とは、法人の理事長を中心とした経営陣、陰日向で応援してくれた上司をはじめ法人職員、直接的に婆さん支援にあたっていたグループホーム職員を中心に、主治医・訪問看護婦［当時］・薬剤師など法人内外の専門職集団、法人は違っても手を貸してくれた友人と、婆さんを通じて友人になっていった人たち、職員の家族、婆さんの家族、市区町村だけでなく都道府県・国の行政職員（保健所含む）、警察官に消防士、民生委員、近隣住民、商店主やその従業員、交通機関従事者など、多職種協働なんていう言葉がちっぽけに思えるほどたくさんの人たちでたった8人の婆さんを支えていたのだが、その人たちはみんな仲間であった。

誤解しないでほしいのは、関係ができた人すべてを書いたわけではない。認知症があることをわかった上で一緒に支えていこうと思ってくれた人たちである。

グループホームに限らず、一人でも多くの仲間を増やすことなしに「生きること支援」はできない。なぜなら、人が生きるということは24時間365日を主体になるということであり、人として生きることのステージは社会である。つまり主体的に社会をステージとして生きることが人の生きる姿の基本であり、婆さんはいったんはその姿を獲得したが、認知症によってその24時間365日「いつ・どこで・何が起こるかわからない状態」であり、自分の意思を行動に移す能力があれば「我慢を強いることができない状態」だからだ。

これまでのように「介護」や「認知症ケア」の概念ならば、施設の中で完結させようとしてもおかしくはないし保護になってもおかしくはないのだが、それはそんなに多くの仲間がいなくても実現できる。

また今の僕のように、誰に頼まれもしないのに偉そうに「婆さんを取り巻く社会環境を変えたい」なんて思うと、それはそれは壮大なことで、「一人でも多く・できるだけ幅広く・社会に対して影響力をもつ『一緒になってする者』」を増やさないと、とうてい実現できない。だから必死になって仲間探しロードを歩んでいるのである。

幸いなことに「同じような志をもつ者」にたくさん出会わせてもらっているが、それは仲間の域を超えた「同志」とも呼べる人たちで、この人たちは仲間と呼んではいけないほど覚悟をもって取り組んでいる、社会にとって、婆さんにとって宝ものと呼んでも過言ではない人たちである。

きっとこの人たちは、専門家に言わせれば［2］に該当する人たちなのかもしれない（ハハハ、すいません）し、僕もそれに加えてもらえればそんな光栄なことはなく「同じ種類に属する」と呼ばれることに快感さえ覚えるかもしれない。

北海道の同志たちから仲間づくりに汗をかく便りが届き、沖縄の同志たちから東京での重要な会議に出席するために汗をかいている便りが届くというのに、酒の飲み過ぎで冷や汗をかいている僕は彼らに会わせる顔がない。反省しています。

偏見や差別とのたたかい

『先日、「家に帰る」とホームの門を出た一人のおばあちゃんを後ろからついていきました。住宅が連なる立地の中で、もちろん近所の方が普通に歩いている場所。職員が「気をつけてね」と見送ったそのときの近所の方の視線。きっとそれまでのホーム内でのやりとりはもちろんのこと、認知症をわずらう方への受け止め方と言ったらいいのでしょうか。それもわからず、また、認知症そのものを理解していないからでしょうか。ただただたえられないというか涙が出てきました。私達認知症高齢者介護といわれる仕事に就いている者は、取り巻く環境に働きかける役割も担っていると再認識した日でした』

これはブログ［*］に投稿してもらった「かゆしさん」のコメントだが、読ませてもらってふたつのことを思い出した。

ひとつは、グループホーム入居予定の家族たちに、運営の基本的な考え方について話をした時のことだ。まだ東京には老人福祉法上のグループホームと呼ばれるものはひとつもない、1999年3月のことである。

「自分のことは自分で・互いに助け合って・社会とつながって生きていくことを取り戻せるように…応援していきます」

こう僕が話すと、家族の一人がこう切り出した。

「ここは、都内で最初の痴呆老人のためのグループホームだということを近所の人たちも知っている。和田さんが言うように、社会とつながって、毎日のように買い物や散歩に出かけたら、うちの身内が痴呆老人だということが知れて、後ろ指さされるではないか」

確かにそうかもしれないと、一瞬は思った。思ったというのは、この国はまだまだそう考える人がいてもおかしくないと思えたということだが、僕は家族にこう話した。

「確かにそうかもしれませんね。後ろ指さされることだってあるかもしれません。でもね、痴呆という状態になって自宅での生活が続けられなくなっとき、これまでならば、人里離れた場所や、町の中にはあっても隔離された空間でしか生きられなかったのが、国の制度としてこうして町中で当たり前のように暮らせるようになったんです。後ろ指さされることがあるなら、婆さん自身はもちろんのこと、僕らや家族も一緒になって、社会にある偏見や差別とたたかっていきましょうよ。そうでなければ、（社会とつながって生きていけるように応援しようと考える）ここのグループホームでなくたっていいわけで、他の施設に行かれてもいいですよ」

もうひとつは、「住民の反対運動に遭っていて説明会を開きますので、和田さんのご協力をお願いしたい」と、ある事業者さんから依頼があり、かけつけて行ったときのこと。まだまだグループホームが専門職の中でさえ知られていない頃である。

グループホームの建設予定地の周辺住民はもちろんのこと、町内の住民がたくさん来ていたが、僕はグループホームについて、痴呆について、起こり得ることについて話をさせてもらった。

会では怒涛のような質問が事業者に寄せられたのだが、質疑応答を聞いているうちに「住民の言うことはもっともだな」と思えてきたのだ。それは、住民の怒りの中心はその場所にグループホームができるとか、痴呆老人がくるとかということ以前のことで、法人に対する不信そのものだったからだ。つまり、何を言おうが信頼していないということなのだ。

もちろん、中には「自分は痴呆老人のことはよく知っている。痴呆老人はもっと緑豊かで静かな環境のところにいるのが一番いい。君はそんなことも知らないのかね」と言う人もいたが。

最後に、グループホームや痴呆に対して好意的な発言をしてくれていた住民のひとりが「和田さんはこのやりとりを聞いていて、ここにグループホームを建てることについてどう思うか」と聞いてきたので、僕は率直に答えた。

「僕は、住民として暮らし続けることを可能にしたグループホームを広めたいし、必要だと考えています。今日は、事業者さんを応援する立場でここへ来させていただきました。でも、この場所に・この時点で・この法人さんがグループホームを建てることには反対です。なぜならグループホームは、介護施設ではありますが生活施設です。ここまで近隣住民の方々に反対されたままでは、住民として生きていくことは難しく、おのずと入居者を施設内に封じ込めることになり、職員さんも萎縮してしまうでしょう。グループホームや痴呆への偏見や誤解は解くことはできても、皆さんが言う法人への不信は、これから皆さんとお付き合いさせていただくことになるグループホームの職員たちでは簡単に解決できないことです。だから反対です」

新しく開設する時に開く住民説明会などで、「グループホームができることによって、近隣住民にご迷惑をかけることはありませんから安心してください」、ついそんなふうに言ってしまいがちだが、認知症という状態にある人が住まう施設が隣近所にやってくるのに、これまでと同じなんてあり得ないわけで、迷惑をかけることがあると考えるほうが常識的で普通だ。

「和田さん、私たちへの影響はどんなことが考えられますか」

「みなさんに最も被害が大きいと思うのは、救急車が来る回数が増えること。しかも深夜帯にまで及びます。あとは〇〇や〇〇など、これまでにはなかったようなことが起こる可能性があります」

僕は自社の施設建設でも、住民の方々に率直に話をする。あんなことやこんなことが起こることもある。それでも、認知症になったら施設に閉じ込めるのではなく、最期まで住民の一員として生きることを応援してくださいと話し、理解を求めるための努力は惜しまない。

「住民の反対があるため、和田さんが言うようにグループホームから自由に外に出られないんです」

だとしたら、つくる時から婆さんにとっての生活の場をつくろうとしたのではなく、事業所をつくりたかったということにはならないか。

世間にある認知症への偏見や誤解を解けないのは、僕ら自身の中にグループホームを通して、認知症デイを通して、特別養護老人ホームを通して、社会に何を働きかけるのかという明確な社会的ビジョンがないからだと僕は考えている。そしてそれは、行政マンにも政治家にもない、もしくは不足していると思っている。

かゆしさんが言うように、僕らの仕事は「福祉」で、福祉をひも解くと「人々が幸福に暮らす生活環境」ということであるとすれば、生活環境を施設の中だけで考えてきた結果の現われが、かゆしさんの施設の周りで見られているということであって、日本社会の到達点だということだ。

つまりそれは、僕もかゆしさんも含めた専門職の到達点だということで、誰かの到達点ではない。差別や偏見とのたたかいは自分自身とのたたかいだということを忘れてはならないということでもある。

泣いたり嘆いているだけでは変えられない。ただ待っているだけでも変わらない。本当に変えたいのなら、変えるためのビジョンを描き、手を打たなくては変えることはできないだろう。それはかゆしさんだけでは成し得ないこと。ひとりずつ仲間を増やしていけば、やがては1億2000万人に届くのではないか。気ながに行こう!!

＊「和田行男の婆さんとともに」[http://www.caresapo.jp]

わけ

「パチンコ依存などのある婆さんにはどう支援していますか？　ムゲンではあくまで主体は障害の「重い」統合失調症者なので、依存症の人には手薄になります。というか健常者に近い依存症の人は同じ作業所の中では、発言力が強過ぎるのです。周辺にいる依存症の人には，病院が金を管理したりしています」

「けあサポ」でおなじみのムゲン［＊］の佐野卓志さんから「わかりやすい・ためになるだろうご質問」をいただきましたので、和田なりの考え方を述べさせていただきたいと思います。まずは、パチンコ依存とは何への依存なのかがわからないと支援策が描けませんので、そこから考えてみたいと思います。

パチンコへの依存と聞くと、パチンコに依存している＝パチンコ屋に行くことなしにいられない状態＝行かせるか・行かせないか＝その手段は…となりがちですが、その前の作業をしてみたいと思います。

よくある「パチンコそのものに依存している理由」といった分析を加えるのは一般的なの

でここでは触れず、「パチンコ」を分解して、パチンコがもっている要素を考察し、そこから支援を考えてみたいと思います。
パチンコを分解すると…

1✦パチンコを打つ
2✦パチンコ屋で打つ
3✦人が絡む(仲間、店員など)
4✦お金が絡む(維持、増える、減る)

といった要素が浮かんできます。パチンコのことがよくわかっていないので、ごく簡単な分解しかできませんが、仮にこれだけのことが「パチンコ」の中にあるとします。

1は、パチンコ屋に行かなくても代替策を見つけられそうです。パチンコが打ちたいということなら、パチンコ屋まで出向かなくても、自宅や施設にパチンコ台を置けばよいということになります。

2は、パチンコ屋に行かないことには成立しません。パチンコ屋にある雰囲気などをほかで取り繕っても、所詮《しょせん》はまがい物で、パチンコ屋にはなれません。あわせてパチンコ台の種類を、パチンコ屋ほど選択できる数まで用意できるはずもありません。

3は、特定のパチンコ屋でなければ成立しません。これはパチンコ屋ならどこでもいいわけではなく、そのパチンコ屋に行ってこそ、あるいはその人たちと会ってこそ、その関係性が担保されるということですから、代替策は無理だとは思いませんが、難易度は高いでしょうね。

4は、複数考えられます。ひとつは、お金が絡むスリルとでもいいましょうか、いわゆるバクチですね。これは本職のパチンコ屋でなければ成立しきれないでしょう。ただし、工夫によっては「スリルやバクチ」への方策もなくはないでしょう。ひとつは、お金を増やしたいという欲ですが、お金を増やしたいだけなら代替策は見つけられそうですね。

つまり、その人が「パチンコ」に含まれている要素のどこに依存しているかで、支援策はずいぶん変わってくると思います。だから佐野さんからの「パチンコに依存している人への支援は」へのお答えとしては、この情報がほとんどない時点で考えられる支援策は「あるともないとも言えない」ということになります。

それからもうひとつの課題として出されている「手薄」ですが、実際にはこちらのほうが支援に結び付けられるかどうかの要素としては重大です。いくら行動を分解し考察して支援策まで描けたとしても、それを実行するために必要な手がなければ実施できない＝支援できないということで、これは明確にしやすいですね。

介護保険事業に従事している専門職が、この仕事の専門性を高めていく過程で必ず行き当たるのは、支援策が見出せないことではなくて、見出しても実施できないということだと僕は言い切っています。だから僕は逆に「見出せていると言い切れるほど詰めているか」ということにこだわりをもち、「見出せても実施できる手がない」ということを口実に、実は見出せていない専門職気取りになったらあかんと思うわけです。

ひとつの事象を「丸呑み・鵜呑み」にするのではなく、徹底的に分解して、その上で手立てを考察していくと、「できること・できないこと」がよく見えるし、そのことが見えれば、丸ごととらえてできないと思い込んで無駄に疲弊することを防ぐことができるのではないでしょうか。佐野さん、質問に的確にお応えできませんでしたが、いい題材をありがとうございました。

＊愛媛県松山市にある、精神障害者の集まる作業所

時間を渡す勇気

老人保健施設からグループホームに換《か》わった職員がぶち当たっている。ホームヘルパーからグループホームに換わった職員もぶち当たっている。僕の耳にこんな話がよく入ってくるが、これはグループホームが特殊なのではなく、そこのグループホームの支援策が「これまでの介護」と違っているからだろう。

車椅子のまま食事をしている光景はどこにでも見られる。中には、本人にとって自在に移動することを大事にしているため、車椅子のままの生活になっている人もいる。これは、本人の意思（本意）に基づいていてなおかつ理にかなっているという意味では何ら口を挿むことはないが、多くの場合は「移動させやすい」という「支援者側の論理」によって、ベッド（起

床）→車椅子（離床）→ベッド（就寝）に疑問もなく済ませてしまっているのではないか。
車椅子の本来の目的からすれば、
ベッド（起床）→車椅子（移動）→椅子（目的地）→車椅子（移動）→椅子（目的地）→車椅子（移動）→ベッド（就寝）
というように、車椅子はあくまでも「移動能力の自立不可を補う移動の道具」ととらえれば、車椅子のまま食事をすることに疑問が出て、車椅子に座りっぱなしにさせるのではなく「本来の姿」を取り戻すために支援する＝車椅子から椅子に移乗支援するのが自然なはず。
この「本来の姿」を追求するという極めて当たり前のことが「これまでの介護」では忘れ去られてしまっていたから、婆さんを僕らが生きている姿からかなり離れた姿にしてしまってきたのだ。
車椅子のままの食事なんていうのは、生きる姿のほんのワンシーンで、こうした一つひとつのことに拘《こだわ》りをもっていくと、「これまでの介護」では考えもしなかったことを考えていくことが必要になり、「本来の姿」を描くこともなく「これまでの介護」に浸ってきた人間がつくった「こうしなさい・ああしなさい」というマニュアル的業務を浴びてきた介護職たちにすれば、ぶち当たるのも無理からぬことかなと思う。
そういう意味でグループホームは画期的な位置づけにあり、まだ大型施設のように行政が制度等で歪ませてきていないぶん、介護職たちがその時々に自分の脳を駆使して「考えながら支援する」という面白さと難しさをもっているだけに、そこに突っ込んできた経験ある介護職たちは、経験があるからこそのとまどいも大きいのではないか。

朝出勤してきて自分の1日の行動に定めをもたず、帰るまでの時間、そこに暮らす9名の婆さんの生活を、相棒（出勤者）と一緒に支援する。僕は1999年にグループホームに突入したとき、わくわくして挑めた。当時一緒にスタートした他の介護施設で経験をもってきた同僚達はどきどきしていたというが、この「わくわく」と「どきどき」の差は大きく、グループホームに従事する先輩達は、この差をちゃんと受け止めてやってほしいと思う。

そういえる僕だって、この仕事に就いたばかりのころは何にも訳わからず心臓がはちきれるほど「どきどき」だったが、先輩たちがどーんと構えてくれていたから、時間の経過とともに思考と実践を積み上げ「わくわく」できるようになったということだ。

僕の経験からでしかないが、考えて支援できる介護職になるには2年間は必要な気がする。季節をふたまわりする頃には「どきどき」が「わくわく」に変わってくるのではないか。老人保健施設でガンガンやってきて利用者との関係づくりにものすごい自信をもってグループホームに換わってきた知人が、出勤拒否症ともいえる状態になり、グループホームに出勤する前に嘔吐するようなところまで精神的に追い込まれたが、その理由は利用者から拒まれたからだ。

どんな世界でも厳しいものだが「憶えればできるようになること」とは違うし、問われることに明確な尺度がないことだらけで、雲をつかむような「これまでの介護とは違う介護」。それに挑んでいける介護職たちがそう簡単には増えないのも致し方ないとは思うが、「どきどき」が「わくわく」に換わってきているであろう先輩たちが、これまでの介護とは違う介護に挑む介護職たちに「時間を渡す（時間をかける）勇気」をもつことに未来があるように思う。

自宅

僕は高知県の山奥、大川村で産まれた。徳島県にそそぐ吉野川の上流に位置した平家落人の山村だが、僕の意思とは無関係の地であり住居である。

小学校に入る前に高知市内に転居。市内で3か所移り住んでいるが、これも僕の意思とは無関係に移り住まされた場所であり住宅だ。

小学4年生のときに大阪市へ。これも親の事情で連れて来られた。大阪では、東住吉区→阿部野区→東住吉区と移り住んだ。阿部野区に移り住んだのは、僕が中学入学と同時に坊主頭になるのが嫌で、母親に頼みこんで坊主にしないで良かった中学校の傍に移ってもらった。だから僕の意思に基づいた住居地ではあったが、その建物を選んだのは僕ではない。

高校を卒業する頃になると、親と同居をするのがいやという自分の意思で親元を離れ、東住吉区内にあった祖母の経営するアパートで独り暮らしを始めた。

その後は社会人となり、東住吉区、松原市、向日市、大垣市、京都市、杉並区、土浦市、白井町、市川市、足立区、荒川区、中央区と移り住んだが、すべて自分の意思に基づいてのことで、誰かに強要された地でもなければ住居でもない。

こうして考えると、自分の意思に基づいて住居を決めることができるまでは、自分以外の人の意思に基づいて決められた地や住居に身をおいていたということになるが、そのどちらも自宅であることは間違いないことがわかる。

子どもの頃は、自分の意思とは無関係ではあっても、その地に住居に「連れて来られた」にならないのは、親と一緒に住まうことを「ふつう」のことととして考えていたからだ。もちろん、その住居が好きか嫌いかは別問題だが。

やがて高校生とはいえ収入を得て自活できる状況になった僕は、自分の意思で自分が生活する場（地と住居）を決めることができたということだ。

読者の中には、社会人になっても自分の意思で実家に住まい続けている人もいれば、住まい続けさせられている人もいるだろう。いずれにしても自宅であることに違いはないが、大きく考えれば「意思に基づいた住居」か「意思に反した住居」ということになる。でもそれも深めていくと、住まい続けさせられている人の多くは、そうはいっても「それもよし」という選択を自分の意思で決めたということで、強制的に収容させられているわけではないだろう。

つまり、外からの力によって有無を言わせない中で住まわされるもの以外は「意思に基づいた住居」といえ、それが僕らが一般的に語る「自宅」というものではないか。

24時間型施設に入っている婆さんは、自分の意思に基づいた選択権の行使の結果として転居したわけではない場合が多く、決して「自宅」とはいえないところに住まわさせられている。24時間型施設はまさに不本意からのスタートと考えるほうが自然である。しかしスタートはそうであったとしても、意思に基づいてそこにいると思ってもらえたら、それはその人にとって施設も自宅ということになるし、スタート時点から自分の意思で施設に入ったのなら、それは自宅を移し替えたのと同じことだ。

何を言いたかったのかというと、施設が自宅（住居）を選ぶ際の選択肢としてあって、自分の意思に基づいて転居するということならば、それはまぎれもなく施設というくくりの中に「その人の自宅」が存在するということであり、同じ施設の同じフロアの隣の人が自分の意思とは無関係に連れてこられた人だとしたら、「その人にとっては自宅とはいえない」ということだ。

僕は、住まう場所は大きくはふたつあると思っている。ひとつは「自分の意思に基づいた住居」であり、もうひとつは「自分の意思とは無関係な住居」だ。前者を「自宅」と考えると、後者は「自宅以外」ということになる。

ある婆さんが、退院してグループホームに入れられることになった。もちろん彼女にしてみれば元の住居に戻りたい。でもまわりは一人暮らしには戻せないと判断し、戻さないと決意し、グループホームを申し込んだ。だから僕は、家族・医師・看護師・MSW・ケアマネジャー・うちの職員ぐるみで婆さんを騙した。

今度行くところは「元気になるところ」「元気になれば帰れる」という甘味を押し出し、「期限付き」という殺し文句を駆使して、「不本意ながら仕方ない」と思わせてグループホームへの入居に結び付けた。

この婆さんが入居して8か月後、自宅生活を復帰させることを目指して、自宅での宿泊を家族とともに試みたところ、婆さんのほうから「あっち（グループホーム）のほうが楽しいから帰る」と言いだして戻ってきたのだ。まさに「自宅化」できた典型例である。僕は、たとえ自宅以外の住居に住まわされたとしても、専門職たちの力で「その人にとっての自宅化」は可能だと考えており、それに向けてひたすら追求していくことが「生活支援の専門性」への限りなき挑戦であり、その醍醐味はこの仕事をしている者にしか味わえない特権だとさえ思っている。

講演会等で「最期まで自宅で生活をしたいひと?」って聞くとまだまだ圧倒的な人が手を

挙げるが、その自宅とは「自分の意思に基づいた住居」ではないか。また、手を挙げない人の多くも、自分の意思に基づいて自宅以外の住居を選択しているのだ。

自宅とは何か。

自らが選んで住まう住居であり、そこにいることを在宅というのではないだろうか。多くの施設が自宅と呼んでもらえるように・思ってもらえるように、施設にいても在宅生活と呼べるようにしていきたいものである。

起こり得るを養う

リスクと回避力

香川県綾川町にある滝宮小学校で、小学5、6年生が自分で献立を立てて、食材を買い出し、調理までを行う「弁当の日」を設けることを2001年から始め、今や35都道府県533校で行われるまでに広がっていると、中日新聞〔2009年8月16日付〕に掲載されていた。

記事によると、『「包丁で指を切ったら」「火の元は大丈夫か」。始める前には不安があった。だが、「リスクを考えてやめるより、子どもが成長する機会を与える方が大事。子どもが食にかかわる事は家族の絆を深めることになる」と実施に踏み切った。』『親は手伝わない。子どもが家で台所に立つ。』とある。

また『日経キッズプラス』という子育て雑誌の表紙に「自分のことが自分でできる子にする！」とあった〔2009年3月号〕が、これらはとても大切なことを示唆してくれている。

僕らが婆さんを支援していく時にいつもくっついてくるのが「安全」である。

『広辞苑』によると、安全とは「安らかで危険のないこと」とあり、他の辞書には「危害または損傷・損害を受けるおそれのないこと。危険がなくて安心なさま」とある。

確かに生身の人間にとって安全はとても大切なことだが、生きていく中で１００％安全を確保する・確保できるなんていうことがあり得るのか。どんなに収容・隔離して保護政策をとろうが、１００％安全はあり得ないだろう。

僕らはさまざまに生きている中で、安全率を高めるために危険に挑んでいることがある。その代表が子育て期かもしれない。僕が１００％安全確保された状態で子育てされていたとしたら、僕の今生きる姿はなかったはずである。

つまり、さまざまに危険と隣り合わせの状況の中で、その危険を予測して危険を回避する手立てを身につけていく（「リスク・テイク」とでもいいましょうか）ことが子どもの頃に受ける自立支援であり、誰もがかなり危うい経験を伴いながら、生きていく過程で脳にその経験を積み上げてきたのではないか。婆さんはそれを70年、80年、90年と積み上げてきた「リスク・テイクのツワモノ」である。

婆さんの現状を一口でいえば「いったんは身につけたさまざまなことが、疾患・加齢等によってその水準を維持できていない」ということであり、リスク・テイク力も下がっていると考えるほうが自然である。しかし、すべてを失ったわけではなく、下がっている状態は人それぞれであり、元の状態まで取り戻しできる可能性を秘め、さらに新たに身につけることも不可能ではない状態である。

にもかかわらず、画一的に「危険だから」ということで、言い方を変えれば「安全」を優先的に確保するという名目で、婆さん自身の中にある能力を封印している福祉の現状があり、実はそのことで、支援者であるはずの専門職が「生活の廃用性」をつくっているのではないか。それは教師たちが、危険に触れさせないで危険回避力を身につけろと子どもたちに言うのは無理があるのと同じようなもので、有する能力を使う機会を奪ってしまえば能力は低下すると考えるほうが自然だということだ。

この学校の子どもたちは、ケガを負いながらケガの危険にさらされながら怪我をしない包丁の使い方を身につけているだろうし、できなかったことができるようになっていく喜びだけでなく、与えられた餌とは違って獲得した食物から学ぶべきことが多いだろう。

かつては一般的な状態にあった婆さんも、加齢や認知症等により包丁を使う機会が減り・減らされて使えなくなっていくのだが、施設などを利用し専門職の支援を受けることによって使う機会を取り戻せば、ケガを負いながらケガの危険にさらされながらも怪我をしない包丁の使い方まで取り戻していくことだろう。

それは子どもたちとは違って「かつてできていたことが再びできるようになる」ということであるが、逆に言えば「できなかったことができるようになり、そのできていたことが再びできないようになった」ということの裏返しで、それは「できなかったことができるようになることだらけ」の子ども期とは違うということでもある。

つまり、できなかったことができるようになる喜びは、できていたことができなくなる哀しみとセットで、いくつになってもでき続けられることは、できなかったことができるようになった喜びを続けられるということなのだ。だからこそ僕らの支援によって、できていたことを取り戻せれば哀しみを吹き飛ばせるかもしれないと考えて一生懸命支援する。

そこに僕は「尊厳の具体的支援」を垣間見ている。いま当たり前のようにできることは、できなかったことができるようになったということであり、リスクを覚悟してでもできるように応援してくれた人たちがいたお陰でもある。

きんさん・ぎんさんが話題になったとき「100歳にもなって歩いて外出しているなんて恥ずかしいわね」と言った人はいない。100歳になってもこの国で生きる人々とそう変わ

らない姿で生きていることに日本中の人々が感嘆したのは、実は「一般的な姿」が１００歳になってもあるということにであり、できるようになったことが１００歳になっても維持されていることに心が動かされただけのこと。

2人が50歳なら誰もが「ふつうのことやんか」と思うだけ。長寿で元気な人々の姿に感銘を受けるのは、多くの人々の願いの裏返しでもある。僕は、目の前に現れる婆さんがどんな姿でも、死に至るまで、できていたことが取り戻せるように応援していきたいし、人間の計り知れない能力にかけていきたいと考えている。

きんさん・ぎんさんは自力だったが、仮にあの裏側で専門職が黒子のように力を尽くして、あの姿を人々に見せていたとしたら、素晴らしい専門性の発揮ではないか。リスクを考えるより、最期まで人として生きる姿を追いかけていきたい。

破れたジーンズ

およねさんは認知症によっていろいろなことができなくなっているが、できることもいっぱいあった。

職員と入居者が一緒になって雑巾《ぞうきん》づくりをした時も、およねさんの縫製技術は、職員でもとうていおいつけないピカイチの出来栄えである。

「およねさん上手やなぁ」とみんなが言うと、およねさんも自信たっぷりで笑いながらの「えへん顔」。およねさんの知らないところで「重度認知症」なんて陰口をたたかれているのだが、そんなもんくそくらえといった感じである。

およねさんは思い立ったように外に出て行く。

「家に帰る」「お客さんがくる」「旦那が待っている」「その場にいたくない（推測）」…理由は何であれ、出て行くのだ。

まだ施設に入居されて間もない、およねさんのことをまだまだ僕らが知らない時のことだ。婆さんと一緒に僕がリビングでおしゃべり。僕の横にはおよねさん。話の途中で、僕が穿いていたジーンズの破れた膝のところに指を突っ込んできて顔をしかめ、「ありゃ、破れちゃってるね。縫ってやろう」と言ってくれた。

その時は「ありがとう」と受け応えして次の話題に切り替えたが、僕の脳にはしっかりインプットした。

それからしばらく経ったある日、およねさんがリビングからすーっと玄関に向かって歩き出し、外へ出ようとした。ちょうどその時は、僕以外の職員がいなくて婆さんは数人。そのまま出られると、およねさんについてはいけないし、あとの婆さんを放ってもおけない。どうにもできなくなるので、およねさんの目をじっと見つめて、哀しそうにこう言った。
——およねさん、ごめん。お願いがあんねん
「なんだよ。どうしたんだよ。そんな悲しそうな顔をして」
——大事な大事なズボンが破れてしもうてん。ほら
「あれま、ほんと。かわいそうだね」
——かわいそうやろ。どないしたらええ
「縫ってやるから脱ぎなさい、ほら」
——ホンマぁ、ありがとう。じゃぁ脱いでくるからこっちでお茶でも入れて待っててもらっていい？
「どっちだい」
——こっちこっち。どうぞどうぞ
これでおよねさんは外に出ないで済んだという、どこにでもある話だ。
皆さんもこうした展開を経験されたことがあると思うが、僕がこの会話の中で大事にしたことは『婆さんにジーンズを縫われないようにするということ』である。だって僕にとってこのジーンズは、膝が破れているから値打ちがあるわけで、それを婆さんに縫われたら大変だ。
そのために「お茶入れ」を加えている。

つまりおよねさんは、理由はどうあれ、外に出ることよりも、顔見知りの僕のズボンが破れて困っていることを解決してやりたいために行動を転換したわけだが、そのままずすんでいけば、すべてが〝今〟（リアルタイムの世界）で展開してしまう。

破れているのを見た→縫うという行動に移った→衣服を脱がす→脱いだら手にする→縫う道具（針と糸）を求める→僕が道具をとりに行っている間もおよねさんはジーンズを手にしている→道具を手にしたらに縫うという行動を始める、というように、目に見える情報だけで、「見た」から「縫い終わる」までがすすんでいくことになる。

それではジーンズを縫われてしまうことになるので、「脱いでいる間こっちで」とおよねさんの目の情報からジーンズをはずし、「お茶でも入れて」と別の行動を組み込むことで時間軸を発生させたのだ。

そのことによって「過去」を作り出し、「過去は忘れやすい＝時間軸に脆い」という認知症の特徴を使わせてもらうことで、およねさんの姿を「外に出ようとする」から「リビングでお茶を入れる」に変えることができたということだ。

しかも、およねさんにとってはいささかも違和感のない姿であり、転換されても「させられた」とはならなかったし、「こんなことをするために残ったのではない」ということにもならなかった。

簡単にいえば僕の狙いどおりにできたということなのだが、今日の話は自慢話ではない。

今日の本題は、「本当はこんなことをしたくない」ということだ。

本当はこんなことしたくないという価値観が自分から失くなったら、この仕事から離れようと思っていた自分を、ジーンズを穿いて思い出したのである。

婆さんと接していてうまくいったとしても、それはほとんどの場合がこっちの事情に合わせるという話で、婆さんの事情に合わせる話ではなく、こっちのためにうまくくるめただけなのだ。そのことを忘れてはならないといつも言い聞かせてきた。

喉もと過ぎればになるところだった。ありがとう、破れたジーンズちゃん。

不断の努力によって保持

「破れたジーンズ」を読んだ「ＣＨＡＮさん」からコメントをいただきました。コメントは次のとおりでした。


✦「本当はこんなことしたくない」の「こんなこと」とは、何をさしているのですか？ うそをついたこと？　だましたこと？　帰るという行動をさせなかったこと？

✦じゃあ「こんなこと」をしなければ何をしたらいいのですか？

✦したくない「こんなこと」をするしか対処法がない福祉社会だということですか？

ＣＨＡＮさんからの投げかけは３つなのですが、まとめてコメントさせていただきたいと思います。

僕がＣＨＡＮさんのこのコメントに反応したのは、ＣＨＡＮさん個人に対して思ったというよりも、この国の現状に対して日頃から思っていることが集約された形で表現されているからです。

ここからはこの「ものの見方・考え方」（以下、この見方）に対するコメントととらえてほしいのですが、「この見方」は時代を固定化した見方です。

僕が言っているのは、仮に今は「こんなこと」でしか対処できないことだとしても、それは「『こんなこと』ができるようになった」という過去からの見方と、「『こんなこと』以上にできることはないのか」という今を見て描く未来への見方。つまり、今だけを切り取って固定化して見るのではなく、過去↔今↔未来の三方向からの流れるような「ものの見方・考え方」です。

つまり、僕もＣＨＡＮさんも「一般的な状態にあって一般的な人として生きる姿」をもっている（はず＝ＣＨＡＮさんのことがわからないから）のですが、認知症という状態になるというのは「一般的でない状態になって、一般的な人として生きる姿を継続できなくなる」

ということです。

また違う角度で言えば、これまで先輩たちが努力して積み上げてきたものは、「一般的な人の生きる姿からあまりにもかけ離れた姿」を少しでも一般的な人の生きる姿に近づけていこうという試みです。もちろん僕の実践もです。

そのことによって「こんなこと」ができるようになったのですが、僕が言っているのは「少しでも一般的な人の生きる姿から離さないようにする」ということですから、打ち止めは「一般的な人として生きる姿」…つまり和田やCHANさんだけでなく、この国の圧倒的多数の人々が生きている姿の基本＋個別の姿ですから、ゴールはわかりません。

だからこそ、死ぬまで自宅で暮らしたいと願っている人が認知症になっても、死ぬまで自宅で暮らすことができるように応援できる社会システムの構築へ追求していくわけで、そのために今できることは今しようということです。

僕がこの世界に入ってきたのは23年前ですが、婆さんたちはすべての特養に入所できたわけではありません。認知症があるということで「生活の場」に入れてもらえなかった時代です。今では、認知症がないと入居できないグループホームが1万か所できています。

男性はブルーのつなぎ服、女性はピンクのつなぎ服、頭は全員短髪にされた婆さん。

車椅子に抑制帯をして廊下の手すりにくくりつけられている婆さん。

廊下にベッドが並べられ、そこに寝かされ、そこでオムツを換えられる婆さん。

何も置かれていない殺風景な部屋の中で、何もさせてもらえずテーブルにうつぶせになるしかやることがない婆さん。

ベッドに四点の柵が取り付けられ、それに1mほどの檻がつけられその中にいる婆さん。

24時間365日閉じ込められ、扉をガタガタ開けようとする婆さん。

何を食べたいか、どうしたいかさえ聞いてもらえない、選択肢は提示されず・選択権を行使できない、脳を拘束された奴隷状態にある婆さん。

お茶でも飲もうかと思って動こうとすると「危ない」の名文句で拘束される婆さん。

僕はこういった「人の生きている姿からはかけ離れた姿」に疑問をもった専門職たちの不断の努力と、それに固執する見方や考え方との闘いの中で、そうでない今があるというとらえ方をしています。

そしてその闘いの相手は、自分であり、自分との闘いもまた打ち止めがないのです。

憲法には次のように書かれています。

『この憲法が国民に保障する自由及び権利は、国民の不断の努力によって、これを保持しなければならない。……』［日本国憲法第12条］

大上段からものを言うわけではありませんが、僕ら一般的な状態にある者は、この国に住む限りにおいてこの憲法の下に護られ「自分の今」がありますが、その今も先人たちの不断の努力によって築かれてきたものであり、今を生きる僕らは不断の努力によって次代を築いていくことが求められているということです。

この憲法が制定されて以降数十年間、国民の50人に1人が認知症という進行性の難病状態になり、自立した日常生活を営めなくなるなんていうことは予測もしていなかったことでしょう。予測できていたとしても、手立てとしては模索状態だったことでしょう。今でも模索しているのですから。

これからは「この憲法が国民に保障する自由及び権利は」の「国民」の中に、認知症という状態になった人が300万人・400万人いるということを前提にした国づくりが必要です。

だからCHANさんの言葉を借りて言わせてもらえば、今は「したくない『こんなこと』をするしか対処法がない福祉社会」だととらえるほうが理に適《かな》っているし、僕はそう思っています。しかし、それも『その対処法さえもない社会だった』から発展してきた現在の到達点であり、この先は「こんなこと以上のことができる社会」を目指していくという考えをもって発言しています。

そしてこうした「ものの見方・考え方」の基本に「人が人として生きることを支える」という根源的な「人の視点」をとらえて、それを「ものさし」として今の到達点をみています。

嫌がる人を無理くりにでもグループホームに入居させるために仕事をすることもあれば、施錠して閉じ込めることもあります。怒っていてもパンツを取り替えなきゃならない時もあれば、帰りたいという願いを叶えられないばかりかこっちに都合のいい言葉を見つけて引き留めることもあります。どんなに出ていきたいと言われても出すわけにいかない時がありますが、その時も「認知症があるんやから当たり前」と思うのか、「ごめんな、出ていきたいを応援してやりたいけど…」と思うのかでは、次へつないでいくものが違ってくるということです。

僕は「当たり前」という、今を未来にわたってまで肯定したものの見方・考え方に対して、「破れたジーンズ」で問題提起をしました。

本当はこんなことをしたくないというのは、たとえ認知症になっても人として生きられる

社会を願っているからで、「人として生きられる社会」とは、この国に生きる人の一般的な姿を保障している「こと」は認知症になっても保障される社会ということです。

つまり「こんなこと」とは「保障していないこと」ということで、置き換えれば「本当は保障されてしかるべきなのに」と思考しつつ「現実的には考え抜いた末打つ手がこれしかなかった」という追求を「破れたジーンズ」で表現したのです。

おさかな釣りと婆さん支援

初めて本格的な沖釣りに行ったときのことだ。

1時間も船に乗り、沖合いに出て釣りをするのだが、いったん乗船するや、決められた時間までは船から離れられない。海に飛び込んでまで離れようものなら、船頭のおやじが追いかけてくるだろうという状態だ。

海を眺めながら思ったのは、デイに連れられていく婆さんのこと。

「これ、自分の意思で来たから何の不審も不安もないし、飛び込んでまで離れようなんて思いもしないが、連れ去られたのならスキあらば飛び込んで逃げるやろな、逃げようとするやろな。婆さんと一緒や」

「ハハハ、俺にとっても婆さんにとっても、周りが勝手に決めた利用者本位より、自分本意やもんな」とも思った（こんなところまで来て婆さんを描くなんて…）。

釣る魚は、アジ・ハマチ・イサギなんだそうだ。船長は魚が居る場所をよく知っていて、そこに連れて行ってくれた。

「なんでこんな広い海で、しかも標識もないのにわかるんやろ」

素朴に思いながらも、釣り場に到着すると指示に従い釣り糸を垂れた。

再び船長から、「いまアジが居るのでハマチも釣れる。海底までの水深は25ｍほど。底まで錘《すい》（おもり）を落としてすぐに、リールを5～10巻ほど戻してください。魚が居るのは水深20～22ｍくらいのところです。素早く戻さないと藻や岩に絡んで持っていかれますから、気をつけてください」と。

まるで海の中がすべて見えているかのような、僕からみれば海人だ。でもよく考えると、婆さんにかかわる僕を見る素人の目は、「なんでそんなふうにできるの？」なんて怪人に映っているのかも。

釣りキチたちは心得たもので、人によっては釣り糸の長さが表示されるリールを持参している。これもよく考えると、僕も婆さん支援ではいろいろと心得ているから、頭の中にたくさんの武器をもって婆さんに挑むのと同じか。

オキアミという海老の赤ん坊みたいな餌を籠に入れる。その籠の下には、釣り針が5つぶら下がっている。その先に錘だ。その釣り針には、海の中ではオキアミと同じように映る擬似餌があらかじめ仕掛けられている。

釣り糸を海中に投げ込むと、錘の重さで釣り糸と籠を海底に引き込んでいく。「いい・加減」の水深でリールによって釣り糸を引き上げると、籠の中からオキアミが海中に投げ出される仕掛けになっており、海中にばら撒かれた無数のオキアミを食べにアジが寄ってきて、そのアジをめがけてハマチが寄ってくるという具合だ。

そして、寄ってきた時にオキアミと同じに見える擬似餌を口に含むと、釣り人の手元で「当たり」としてわかり、当たると擬似餌のついた針を動かし、魚に針を食い込ませて釣り上げるという算段だ（わかった?）。

連れて行ってくれた友人によると、ハマチはアジを餌にするため「アジの行くところハマチあり」のようだ。だから、アジを釣っているとハマチにも出くわすのは理に適った話となる。ところが、客観的にはそうでも、アジとハマチでは習性が違うそうで、釣り糸を垂らしていればアジと同じようにハマチが釣れるわけではないと、釣りが終わったあとで教えてくれた（ハハハ、どの世界も授業料は必要ということかな）。

婆さんは認知症だからといって同じ人種になったわけではなく、ひとくくりにしたらあかんのと同じだ。

つまりハマチは、餌を口に含むと吐き出し、それを2回繰り返して、3回目に呑み込む習性があるそうで、手元に当たりがきてもすぐに動いてはダメで、3回目までじっと待つことが必要だそうだ。

これも、婆さんにすぐに手出ししては婆さんのこと(本来の状態)がわからないのと同じだ。年輩のベテラン釣り人は、ハマチもアジもイサギもよく釣っていたが、鯛まで釣った。あとで友人に聞くと、潮の流れや当たりの具合から釣る魚の目標を変えて、仕掛けも餌も変えて釣る技量があればこその成果だとか。彼は技師なのだ。

これまた婆さん支援と同じである。

たかが魚釣り、されど魚釣りだ。

釣りは、魚とは(理念)、魚が住む環境とは(生物学でみた習性等)など、魚釣りに必要不可欠なことを掌握した上で、変幻自在に駆使できる技を身につけてこそ「大漁」が得られる。

どの世界でも「知る」は基本である。

ちなみに僕は、おおむね6時間(6時間以上8時間未満デイ並み)立ちっぱなしで、細かい魚は外してアジ6匹とイサギ2匹をゲット。ハマチの釣り方は後で知ったからダメだったが、ｄｏ素人でも一生懸命やれば何とかなるということか。ちなみに、一緒に行ったもうひとりのド素人はハマチをゲットしたが、ひどく船酔いで沈没。海をなめてたということか(ハハハ、婆さんと同じで逃げ出せずに苦しみもがいてたわ。船頭のおやじは傍で笑ってたが、職員みたいだった)。

婆さん支援も根っこに必要なことは、こ難しい理屈や資格などではなく、婆さんに対する一生懸命さかもしれない。

一生懸命は、きっと伝わるんやわ!

起こり得るを知る

人は「人に痛めつけられることもあれば」「人を痛めつけることもある」。

人を痛めつけようと思っていなくても痛めつけてしまうこともあるが、そんなときは痛めつけていることに気づけていないということだろう。

逆に相手は自分のことを痛めつけようなんて思ってもいないのに、痛めつけられているように思うのは、自分が相手に気をまわしすぎているからか。

結局自分は自分を中心に動いており、痛めつけていることを指摘されても「そんなつもりじゃなかった」と言い訳に終始して自分をかばうことはしても、痛めつけることになってしまっていたことで「至らず申し訳なかった」など、相手に対する気遣いにまで至れないのかもしれない。

虐待は、しようと思ってとった意識ある虐待行動は別として、日常の何気ない言動を「虐待ではないか」と指摘された時に、「自分はそんなつもりじゃなかった」「それには訳がある」と思っているところに潜《ひそ》み（危険性）があって、自分を正当化することの延長線上で引き起こされる、いや知らず知らずのうちに引き起こってしまっているところに、恐ろしさがある。

しかもそれは、ある特定の人しか起こさないことではなくて、誰もがその当事者になり得るのだ。新人職員であろうがベテランであろうが、無資格者であろうが有資格者であろうが、経験者であろうが未経験者であろうが、男性であろうが女性であろうが、出身地や年齢に関係なく、誰もがである。

しかもそれは、ある特定の場所でしか起こらないことではなくて、どこでも起こり得る。特養でもグループホームでも、デイサービスでも訪問介護でも訪問看護でも。うちの事業所だけで起こるわけでもなければ、起こらないわけでもない。どこの法人のどこの事業所でも起こり得るのだ。

しかもそれは、職員と利用者の間で起こるだけではなく、職員と職員の関係の中にも起こり得るのは、利用者であれ、職員であれ、人間だから生きているからだろう。

ほんの小さな出来事を見過ごしているうちに、相手を痛めつけてしまうことになっているようなことになっていないか。職員間で、職員と利用者間でそのようなことはないか、自らを検証する謙虚さを忘れないようにしたいものだ。

自由とフリー

誰に聞いても、「自由」は英語で「フリー」と言う。もっと英語が分かっている人に聞けば違うのかもしれないが、日本語の自由が英語でなんていうかはどうあれ、自由とフリーは違うと僕は思っている。

1歳の子どもを見ていると、子どもはフリーだなと思う。居間でもどこでもおしっこをする。交通ルールなんておかまいなし。目の前に誰がいようが、そこがどこであろうが泣きたければ泣くし、他人に対しておかまいなし。まさに自分本意である。

でも10歳にもなれば、おしっこはトイレでするし、交通ルールは守るし、お行儀がよくなる。社会本位がでてくる。

1歳児がフリーだとしたら、10歳の子どもも20歳の成人も僕も（たぶん）、それと同じ状態ではないわけで、フリーではない。

ヒトはどこでも、互いに生き合うために一定のルールを定め、そのルールを踏まえて行動しているのではないか。もちろん100%ルールどおりに生きているわけではないが、それも「ルール違反かな」とどこか後ろめたさを感じながらであり、大きくはルールを踏まえてはいるということだ。

つまり、僕らが生きている姿を「自由」だとしたら、それは1歳児の「フリー」とは違った生き方である。

高齢者施設での火災などを考えると、「自由な生活」と「フリーな生活」を間違えているように思える。脱施設化を謳い文句に、施設での「普通の生活化」「自由気ままな生活化」「自宅での生活の継続」といったことがすすめられている。それそのものは大賛成なのだが、決してフリーであってはならない。

「ここでは、お一人おひとりに合わせて自由に生活してもらっていますから、いつでも好きな時に自分の意思に基づいてタバコが吸えるようにしています」なんて聞こえがいいが、それはフリーな状態にしているだけで危険である。

なぜなら、火をコントロールしきれない子どもの頃、火は取り上げられていたし一人では使わせてもらえない。それは火を使いこなせない状態だとわかっているからで、使いこなせるようになれば誰も取り上げないし、一人で使うことを許す。それが私たちの自由な生活なのだ。決してフリーではない。

つまり、施設に入ってくる人たちはさまざまな理由で「一般的な大人の状態」ではない状態であることがわかっていることを踏まえれば、そこにその状態に応じた自由な生活の基になるルールが必要になるわけで、それを組み立てていないとなると、1歳児に火を渡したようなものである。

特に施設で支援者側が自由とフリーを間違えると、火災事故を頂点に、婆さんにとってとんでもない負の事態が起こってしまうことを肝に銘じておくべきである。

本人が食べたいと言ったのは〝かけうどん〟だからといってそれしか食べさせない、アルコール中毒歴があるのに本人が飲みたがるからとアルコールを飲ませてしまい再発、ひとりで歩けると言ったので歩かせて転ばしてしまう、本人が風呂に入りたくないと言うからといって1か月も入浴していない状態におく。

こうしたその人らしく・本人本意・自由な生活という名の下に置かれている放置は、フリーではあっても自由ではない。

フリーな生活は素人でも実現できるが、自由な生活には専門性が欠かせない。フリーにちからはいらないが、自由には力が必要なのである。

火災人災

２００９年1月31日、ロシア中北部に位置するコミ共和国の高齢者施設で火災が発生し、入所していた高齢者23人が死亡するという痛ましいことが起こった。

記憶のかなたに追いやられようとしている、１９８７年に東京都東村山市の特別養護老人ホームで起こった火災、２００６年に長崎県大村市でのグループホーム火災を忘れてはならない。08年12月にも、福島県いわき市で小規模多機能型居宅介護事業所で火災が発生し、２名が亡くなられている。

そこで、火災について改めて考えてみたい。

報道によると、ロシアの火災事故の原因は「たばこの火の不始末」のようだ。

よく「それまでの生活と同じようにたばこを自由に吸わせてやりたいと考えるが、和田はどう考えているか」という質問を受ける。

確かにこの世界では「生活の継続」とか「連続性のある生活」などという、わかったような・わからないような言葉をよく聞く。だからつい「それまでどおり」と思ってしまうし、これまでの社会福祉施設にありがちな「管理生活」に対する挑みという意味からも、わからなくはない「想い」ではある。

でも、どれだけ思い込もうとしても「それまでどおり」なんていうのはあり得ない。つまり「それまでどおりの生活を続ける」なんていうのは絵空事で、どう考えても施設に移り住むということは「生活の再構築を図っていく」ということだ。組み立てなおしである。

無茶な話をするが、婆さんが一人暮らしをしているときは「気のまま」が基本でいい。基本にしかなれないのは、一人で生きているわけではないから「気のまま」とはいかないこともあるからだ。

例えば同じAさんでも、東京都内の密集した住宅街（〇区）に住んでいるのと、隣の家まで30分はかかる地域（△村）に住んでいるのとではわけが違う。

Aさんは喫煙家で、たばこなしでは生きていけない。認知症になった今でも、たばこがやめられないのも自然なことだ。最近ヘルパーが訪問すると、たばこの火をつけっぱなしでトイレに行っていたり、床のあちこちに焦げ跡が見られるようになった。

この状態で考えると、Aさんが〇区民であろうが△村民であろうが「火災」は当然のように緊急の課題となる。でも突き詰めていくと、〇区民か△村民であるかによって支援する側の逼迫度《ひっぱくど》が違うだろう。それも突き詰めていくと、たばこの火の不始末が原因で火災となっても、△村なら自分だけが被害を蒙《こうむ》って終わるかもしれないし、仮に亡くなるような最悪の事態になっても「自己責任」とか「自業自得」の範疇で済ませることができるだろう。ところが○区では、近隣住民等に被害が及ぶことは間違いない。だからAさんの状態は同じでも、Aさんを取り巻く環境が違えば、当然のようにAさんに求められる社会的要求事項も違ってくるということだ。

話を戻すと、自宅での生活も、置かれた環境によって自分に要求される社会的事項が違うとしたら、自宅から施設に移れば当然のように変わるわけで、「気のまま」の生活をしていた人でも、気のままとはいかなくなるのも当然なのだ。

だから僕らは、「気のまま＝本人本意」を基本においた上で、「火災を起こしたくない本意≠火の不始末がある今の私」を「本人本位」で考え、本来の願いであろう「火災を起こしたくない」を実現するために、さまざまにコントロールしていくのである。

その頂点が「火の取り扱い」で、たばこを自分で持つことは受け止められる範疇だが、マッチやライターなど火の元になるものは徹底的に管理するべきだと僕は考えている。

調べてみると、日本では現在、年間5万件強の火災が発生し、1900人もの尊い命が奪われているようだが［平成20年。総務省］、火災原因の上位に「たばこの火の不始末」［第3位］と「こんろ」［第2位］が入っているとのこと。

人は火とともに生きているが、「忘れる」や「うっかり」を併せ持って生きているため、認知症でなくても、高齢者でなくても、火をコントロールしきれずトラブルを起こす。ましてや認知症があれば、なおさらコントロールしきれなくなるのも当たり前で、目の前の人たちがどういう人かを知っている僕らにとっての火災事故は、どんな理由づけがあったとしても「わかっていた」ということであり「わかっていたにもかかわらず手立てを打っていなかった」ということになる。

僕らが考える「生活の継続」で大事なポイントは、

（好きなたばこをいつでも吸いたいときに吸いたいところで吸える＝気のまま＝本人本意）＋（そうなんだけれど、火災は出したくない＝隣近所の人を巻き込みたいとは思っていない＝そもそも本意）
＝本人を中心において支援する
＝本人本位で考え、（好きなたばこを吸い続けられるためにはどうすればよいか）
＋（火災事故を起こさない）
＝吸う手立てを導き出す
＝最小限本人不本意
＝施設管理
＝防止策

につなげることだ。

あわせて、万が一に備えて必要なものを設備し、訓練など「いざへの備え」を日々怠らないことだ。

風化しがちな記憶を呼び覚まし緊張感を呼び戻してくれるのが、同じことの繰り返しというのも悲しいが、施設における火災は人災である。ロシアで亡くなられた皆さんのご冥福を祈りつつ、「火災は起こさない」という決意にかえることで皆さんの死に報いていきたい。

合掌

起こり得るを養う

火災は怖い。

1999年、東京都で初めてのグループホームを任されたとき、「火事」と「食中毒」だけは絶対に出したらあかんと思い、防火自主点検、食品衛生自主点検など面倒なことだが、職員たちと一生懸命手立てを講じてきた。

何事も管理してきたこれまでの施設運営から、施設を住宅化し生活を一般化していく中で、「火事」や「食中毒」を起こす確率は高くなってきている。だからこそ僕ら専門職は、人災を起こさないように出来うる限りのことをしなければならず、そこを怠れば施設の住宅化も生活の一般化も、再び逆戻りしてしまいかねない。

僕らは24時間入居型の施設づくりにおいて「住まい」づくりにこだわってきた。住まいとは住居と生活がくっついていてこそで、単なる住居づくりとは違うのだ。ただ一般的でないのは、血縁関係も婚姻関係もない者同士が共同生活住居で過ごすということであるが、これはなかなか一般化できない。

この住まいには当たり前のように「火のもと」（キッチンにコンロ）があり「食材」「自分たちで調理する」がある。〝ある〟ということは、火事や食中毒が「起こり得る」ということでもある。完璧に起こさないようにするならば、〝ない〟という状況にすれば「起こり得ない」ということだ。

これまでの施設づくりでは、起こり得ない状況を求めたために〝ないづくし〟にしてきた。床からの立ち上がり動作がないベッド生活。縦移動がないエレベータ生活。刃物を使わせない無調理食事の提供など、書き出したらきりがないほど、婆さんに〝ないない生活〟を強いてきたのだ。

確かにそのことによって、立ち上がり動作時の転倒、階段からの転落やふみはずし事故、刃物による切り傷は起こらなかっただろうが、その延長線上には「動くと危ないから動かさない」「出ると危険だからカギを掛けて閉じ込め、出られなくする」等、起こり得ないようにすることの先には「非人間的な取り扱い」が待っているのだ。

こうした高齢者施設での人災が続いて起こると、起こり得ないようにされてしまうことを危惧してしまう。何事もことが起こると規制がかかるからだ。

今から10年前、グループホーム開設時に見学等に来られた国の役人に「特別養護老人ホームのようにあれこれ規制を強いることはしないでほしい。でも僕らもそのために努力しますから」とお願いしたことがあったが、互いの信頼関係を壊さないように専門職として尽力していくことがとても大事なことだ。

しかもそれは「起こり得ない状況にしてしまう」という素人策ではなく、「起こるかもしれない。だから…」という先を読んだ玄人策によって可能性を広げていけるようにすることで、それが成功してこそ、婆さんの生きる姿を僕らが生きる姿と大きくは変わらないようにすることができるのだ。

ないないづくし生活に逆戻りさせないためにも、欠かせない努力を惜しまないことが大切で、それは介護保険制度に基づいた施設であろうがなかろうが、法で定められているかどうかにかかわらずなのである。

生活の基本である「起こり得る」を、婆さん支援の中でも大事に育んでいこう。

かじとり

再び繰り返されたグループホームにおける火災事件。数年前の長崎での教訓は活かされず、犠牲者を出してしまうことが残念でならないし、国民に対して申し訳ない気持ちでいっぱいになる。

長崎での火災「事件」のあと、グループホームに自動火災報知設備や火災通報設備、スプリンクラーといった設備の設置が義務づけられた。あえて事故ではなく「事件」と書く。僕にすれば「つけないでよい」という法規のほうが間違っており、「つけなさい」という決定は大歓迎だった。

ただし、「つけないでよい」とされていたものを「つけなさい」と言われても、小規模経営のグループホームにとっては費用負担の面で厳しいから、補助金を出すとか、政府系の金融機関などが無利子で貸し付ける仕組みをつくるとか、家賃で回収できるようにするとか、工事期間中の弾力的な運用を認めるとか、あれこれ設置即時完全履行に向けた仕組みをつくるべきだというのが僕の主張であった。

当時は、「後づけでは壁や天井にパイプがはしり、見た目グループホームの家庭らしさが損なわれる」とか「行政はスプリンクラー業者と何か関係があるのではないか」といったような、設備の設置に否定的な声が僕の周りからさえも聞かれた。

僕に言わせれば、ちゃんちゃらおかしな理屈になっていない理屈ばかりで、ある事業者団体の幹部とはこのことで随分激しい議論をしたこともある。

僕は「火災時に人の手を補うための機器は、何でも設置するべきだ」という基本的な考え方をもっている。

僕が初めて勤めたグループホームは民家改修型の250平方メートルほどの小さな建物

で、火災に対する備えは消火器しかなかった。後に煙感知器は自主的に取り付けたが、危険だらけのグループホームだった。

どんなに優秀な職員であったとしても、職員の一人や二人では、近所の人が助けに来てくれたとしても、婆さんが助かる確率は低いことは一目瞭然である。

グループホーム草創期の頃の研修会で、ある行政マンから「和田さんのところで火災が出たらどうなりますか」と質問を受けたので「婆さん丸こげです」と答えた。

最新の設備を備えた役場でも「100%犠牲者は出しません・出ません」と言える根拠はどこにもなく、行政マンは役人としては納得いかなくても、市民としては「そうだろうな」と思わざるを得なかったようだ。僕も「出したくないです」と願望を情緒的に述べても仕方がないから「犠牲者が出る・出る確率が圧倒的に高い」と伝えたかったのだ。

東京都で初めてのグループホームであり、何か起こしたら後に続く人に申し訳ないという一心で「火を出さない」ことに職員一同が心がけるぐらいしか手立てがなかった。

当時の僕では、経営者にスプリンクラー等を設置して欲しいとは言えなかったが、家庭用の小型スプリンクラーを売りにきたあるメーカーには「これはいい。でも売り方が悪い。こうして売り込んではどうか」と話をしていたほどだ。

東京の事業者団体の仲間たちも、団体の取り組みでスプリンクラー事業者のパンフレットを配布することをすんなりＯＫし、設置義務はなくても「必要なもの」と早々に民家改修型グループホームに設置した仲間の経営者もいた。

そんな僕らにしてみれば、防災設備の設置に抵抗する人たちの真意が理解できなかったし、僕は今でもすべての介護施設には「いま考えられる防災設備の設置は義務づけるべきだ」と考えているし「そのために行政はお金を使うべきだ」と考えている。

東京では僕ら事業者も行政も同じように考えていたため、素早くスプリンクラーの設置に関する補助制度ができたのだが、都民にとっては喜ばしいことである。

どんなに設備をつけても、それが「いざカマクラ」のときに作動してくれるかどうかはわからない。特にスプリンクラーは試験ができないからなおさらだ。でもスプリンクラーが付いていなければ、天井から水が落ちてくる可能性はゼロである。

大事なことは、「ゼロをゼロのままにしておく」ことではなく「ゼロ以上の可能性にかけること」ではないだろうか。その可能性は僕のためにあるのではなく、国民のための可能性なのだということを忘れてはならない。

今回の火災事件でスプリンクラーが付いていたら…と考えたとき、付いていたとしても犠牲者が同じ人数だった確率はゼロではない。でも犠牲者が少なかった確率もゼロではないのだ。いや、多くの専門家が言うように、一人でも二人でも生存者が多かった確率のほうが高かっただろう。

火災は出さない。そのために尽力するのはもちろんだが、出したときに「最善の消火・避難」で犠牲者を最小限に食い止めるようにする、そのために準備をするのは当たり前のことである。その最善の方策を人の手だけに求めるのは非現実的であり、機器等をつかって補うのは当たり前のことである。

自動車がわかりやすい。

自動車は、人が主導権を持たざるを得ない道具である以上、人を殺しかねない危険性を秘めており、事実として毎年何千もの人の命を奪っている。だからクルマを追放しよう！　というのではなく、運転する人にその危険性を周知しつつ、いくら周知しても人が操作する以上何が起こってもおかしくないことを前提にして、クルマの安全性を高めるために専門職たちが限りない追求をしている。

すでに実用化されている「アンチロック・ブレーキ・システム」をはじめ、これから実用化されるであろう「自動衝突防止装置」などはその典型で、一つひとつの部品にまで「クルマの安全性を高めた技術を注ぎ込み、「クルマを無くす」のではなく、「クルマによる事故被害を最小限にする」ための追求をしているということだ。

自動車会社の専門職は、どれだけしても・何をしても、人がクルマを操作する以上ゼロにはできないことは百も承知していることだろう。でもそこに向かって追求する。

僕らも「婆さんに不利益なことが何も起こらない状態」をつくることは不可能だ。それを追求すればするほど、人の生きる姿からどんどん離していくことになるだろう。生きている人間に、活動している人間に何かはつきものなのだから。

でも事故による婆さんの死は防げなくても、事件による死は防げる。防ぐ確率を上げ、ゼロに近づけることはできる。


火事は命とり。

火災による犠牲者をつくらない方策・実践を追求することが必要で、「命とりを防ぐ舵とり」が行政にも事業者にも僕らにも求められる。

犠牲になられた方々のご冥福をお祈り申し上げます。合掌

通過点

2001年、テレビ朝日系「ニュースステーション」という番組で、僕が施設長をしていたグループホームの映像を流していただいたことがありますが、高視聴率番組だったこともあり、番組終了後にたくさんの方から電話をいただきました。

電話をかけてきてくれた人の圧倒的多数はグループホームやその他の入居系施設を利用されている家族の方々で、電話の内容もコメントをくださった方と同様に「同じ介護保険事業なのに、身内が入っているところとは随分と違うがなぜか」というものでした。それを僕なりに要約すると、身内が入っているところでは生活のほとんどのことを「してもらっている」になっているが、和田のところでは「している」。その違いは何かという疑問でした。逆に専門職からは「利用者にあんなことをさせて、和田のやっていることは虐待だ」と批判されたこともあります（今では笑い話ですがね）。

例えば、特別養護老人ホームなどの介護施設では、利用者にどんな能力があろうが関係なく「食事は提供する」形態になっていますが、それは食事のことだけではありません。様々に生活能力をもっていても、その能力を発揮できるように応援するのではなく、生活の中で欠かせない行為のほとんどのことを基本的には「提供」するシステムになっています。グループホームといえども変わりないところがたくさんあります。

また、安全や安定を優先するという名目のもと「社会と切り離す・閉ざす」ところが多くみられます。それを「生活の場」と標榜しているのですが、それは主体性をもって自分の能力を駆使して生きる一般的な私たちの生活の姿とは程遠い姿で、僕から見れば「療養生活の場」と呼ぶべき状況です。それは、これまでの認知症という状態にある人（婆さん）のおかれてきた歴史を振り返れば簡単にわかることですが、何もかもできない状態・何をしでかすかわからない状態・問題を起こす状態・混乱してしまう状態といったとらえ方によって、認知症患者は「封じ込める」「奪う」こと以外の方策が見出せなかった、というところから、専門職（医者も行政も含め）のかかわりが始まったということです。

その典型が、薬物や縛ることによる「奪い」や施錠による「封じ込め」ですが、今はそんな原始的な方法はやらなくなったとしても、できることさえもその「機会を奪う」、動くと何をしでかすかわからないから〝ふんわか家庭用ソファ〟に座らせて立ち上がれない環境をつくり「行動を起こせないようにする」なども、考え方としては「認知症患者対策＝何をしでかすかわからない困った存在」の延長線上にあるものです。

それは支援する専門職だけでなく、婆さんの家族（国民）もまだまだその延長線上で考えている人が多く、家族のほうが「閉じ込めておけ」「縛ってくれ」とか「危ないから何もさせないで」「金を払っているんだから職員が身の回りのことはするべきではないか」「サービスだろ」という場合も多く、国民全体の意識がまだ「認知症という状態にある人を患者の世界に閉じ込める」状況にあることも見過ごせない事実でしょう。

こうした、認知症という状態になった人への「生活を取り戻す・再構築するという考え方」が専門職にさえまだ確立されないまま、「認知症ケア」というとらえ方だけが先行していることによる状況があり、国民の中にもそれが投影されている。それが我が国の到達点なのです。でも悲観することはありません。この国の専門職は確実に変わってきていますし、国民の中にも変化がみられます。

それは、認知症という状態は何もかも失われた状態ではなく、「奪い」や「封じ込める」ことにだけ頼らなくても、それまで培ってきた力を適切な環境が整えば発揮できる状態にあることが、理論的にも実践的にもわかってきているからです。だからこそ、日本中で「認知症で、これがこの人の姿だと思い込んでいたけど、違ったんです」という声がたくさん聞かれるようになっているし、町から締め出されて箱の中に閉じ込められていた姿から、町中に繰り出す婆さんの姿が増えてきている（生活を取り戻してきた）ということです。

つまり専門職だけでも、市民だけでも、行政だけでも、医療職だけでも成しえなかったことが、それぞれが知恵と工夫を凝らし覚悟を決めて挑むことによって変わってきたということです。これからもそれを追求し続けていくことで、婆さんたちが誤解や偏見や差別から解放されて、人間として、日本国民として、住民として生きていける社会へと歩んでいけるのではないでしょうか。まだまだ通過点。そのために僕ら専門職が果たすべき役割は、あらためて重く大きいと思いました。

棄権人物

介護保険事業である通所介護で「事業所から外へ利用者を出すな!」という行政がいまだにあるとのこと。出していいのは、年間行事で決めた時だけ。デイに来る人は、「憲法棄権人物だから外に出すな!」ということで、行事のときだけは恩赦で「国民のもつ権利を有した者」にしてやるということなのかね。人権を語り護る側の専門職としてひど過ぎやしないか。

でも、それを素直に聞き入れているだけの事業者もプランニングしている介護支援専門員も、専門職としてどうなのかねェ。行政マンだけを責められないようにも思うが…。

壊れた脳を洗脳

新しい利用者が来て「家に帰ります」とでも言おうものなら「あなたの帰る家はないのよ」と毎日毎日本人に言い聞かせ、あきらめさせるようにと上司から指導されています。それが本人にとっていい、それがいいグループホームだと聞かされています。

グループホームで働く人から聞いた嘘みたいな話だが、もし本当だとしたら恐ろしい。婆さんは脳が壊れて憶えられないから、身体で覚え込ませるということなのかねェ。それとも、同じことを繰り返し繰り返し言えば憶える能力はまだあるという「人間の能力への信頼」ということなのかねェ。

それにしても「こうしなさい」・「ハイ」と疑問をもたない職員を育んでいるのには驚き。この上司は、婆さんに対しても職員に対しても一貫して「思い込ませる」やり方なのかも。僕は「こういう時はこうする」と人間をある枠組みの中に押し込めて思考させるやり方に未来はないと確信しているが、昔の人は「他人のふり見てわがふり直せ」とええこと言ってくれた。自分のところでも「上司和田」はそうなっていないかチェックせんとな。

装具装着はゴールじゃない

テレビを見ていると、関節装具の一種であるCBブレース*とその産みの親について報道されていた。僕がとっても共感できたのは、CBブレースの産みの親である現役の装具士の言葉だ。

「歩けなくなった人が歩けるようになる」
「立てなくなった人が立てるようになる」
「固まっていたのが柔らかくなる」

みんな変形性膝関節症になって諦めていた人たちだけに、驚きとともに喜んでくれる姿がたまらなく嬉しいと語り、「装具はスタートであってゴールではない。いずれ自分の力で歩けることを取り戻して、僕のつくった装具を捨ててくれることが一番の望みだ」と言った。泣けたね。これぞリハビリテーションを目指しているプロである。

さて、僕らはどうだろうか。僕らが従事している仕組みはどうなっているだろうか。

僕らの前に現われる人たちは、装具士の前に現われる人たちと同じで、当たり前のようにできていたことが、さまざまな因子によってできなくなりつつある、できなくなった人たちである。また、わからなくなりつつあり、わからなくなった人たちである。あわせて、できない・わからない人と周りから勝手に思われたり、その環境に追い込まれた人たちである。しかも同様に、その姿を目指してきた人たちではない。

僕らは、僕らがかかわることによって、その人たちが当たり前のようにできていたことを取り戻せるように応援しているだろうか。応援できる仕組みになっているだろうか。わからなくなることを止められなくても、わからないながらに自分のことが自分でできるように応援しているだろうか。できているだろうか。

ずっと言い続けていることだが、むしろ逆に「できていることさえも、する機会を奪って、できなくさせている」のではないか。

ある介護職から、研修で学んだ後「動く機会を奪ってしまうと動けなくなるのではないか」と思い始め、施設に戻って「どうしたら動く機会をつくれるか」と考え実行しようとしたら、施設長から「危ないから動かすな。よけいなことするな」と言われたと聞いた。

泣けたね。さすが経営のプロ。

でもこんなプロはこの業界には不要だ。施設長が「よし、わかった。でも危ないから自分だけでするな！　みんなと一緒に取り組め。家族や行政には俺から話をする。人の姿を取り戻してやれ」と言うならわかるし、そう言ってほしかった。それがこの世界の経営のプロの言葉ではないか。

「歩けなくなってきた人は完全に歩けなくなるように」「立てなくなってきた人は完全に立てなくなるように」「固まってきつつあるのは元に戻らないように」そのために公金を使って労働者を雇っている仕組みになっているとしたら大変なことであり、専門職がそのことに疑問もなく邁進しているとしたら、誰がそのことにストップをかけることができるのだろうか。

しかも、動ける人が動けなくなったほうがお金になる仕組みになっており、自分でできるように応援するよりも、できないからと全面的に介助するほうが報酬アップにつながるような仕組みになっている。自分でできるように応援すれば時間がかかるが、訪問介護なんてそ

んな時間が設定されていない中で、自立支援なんていう言葉の重さだけをかぶらされている。おかしな国なのだ。

あらためてこの装具士の言葉をかみしめて、リハビリテーションを目指すプロの仕事をしていきたいし、専門職としてさまざまに整合性のある仕組みを社会に提案できるようになっていきたい。

みんなもそう思わへんか。

＊
CBブレース
関節の負担を軽減するために用いる用具（装具）。
センターブリッジ（CB）を組み入れることで、強度を落とさずに軽量化を可能としている。

子どもあつかいが大事

生誕10か月になるチビが先日、定期受診に行った時のこと。まれに見る身体の発育の早さで、7か月頃から歩き始めた。ところが脳のほうは普通。つまり身体能力は自分の意思を行動に移すことができるのに、知的能力が追いついていないのだ。

医師からは「気を付けてやってください。身体が1歳以上の能力をもっているから惑わされがちです。身体ほど脳はお兄ちゃんにはなれていないのです。だから、あれこれしでかしても、それに相応して怒ったりしつけたりするのはまだ早いです。怒ってもその場だけのことで残っていませんから、怒るだけ無駄ですよ」とアセスメントしてくれ、「何が起こっても仕方がないのだから、環境のほうをチビに合わせてやるように。あらかじめ周りの人に注意を促すとか、お母さんが気をつけてあげてくださいね」と、ケアプランまで立ててくれた。連れ合いは医師の話を聞きながら「それって和田さんがいつも語っている婆さんの話とおんなじだ」と噴き出しそうになったと。

僕はこの仕事をはじめたとき「子ども扱いしてはいけません。認知症になったからといって子ども返りするわけではないのですから」と伝え聞いたし、今でもよくそんな言葉を聞くが、僕流に言えば子ども以下の扱いをしている。

なぜなら、子どもは身体能力と知的能力が大人までには至っていないのだから、大人とは違う言動があってもおかしくはなく、そのことを周りからも当たり前ととらえてもらっているため、子どものうちは何をしでかしても一旦は許容される。チビは何をしでかしても「可愛い！」と大人たちから思われ、言われている。

婆さんだって同じで、脳が一般的ではないのだから一般的な状態の人とは違う言動があっても許容されるべきで、問題視されることではないはず。チビに向かって「石を食べるのは異食行動」だなんて言わないし、思いもしないはず。何をするにも大人よりも数倍時間がかかったとしても、受け止めるだろう。その意味では「子どもあつかい」が大事なのだ。チビから学ぶべきことは、婆さんにかかわるべき者にはたっぷりある。

歩車分離

愛知県が「歩車分離式信号」の設置をすすめている、と新聞報道〔中日新聞2009年11月22付〕されていた。車の渋滞を引き起こすデメリットよりも歩行者の安全を優先する道を選択したということだが、クルマ大好き人間の僕もこれには大賛成である。

歩車分離式信号ではピンとこなくても、スクランブル交差点と聞くとみんな知っているだろう。車が動くときは歩行者を止め、歩行者が動くときは車を完全に止めるというものだ（分離式信号には対角線を横断できるスクランブルなど6種類程度あるとのこと）。現在の、人も車も同時に動かすやり方では、交差点での巻き込み事故が起こったり、車の陰で見えない歩行者を轢《ひ》いたりする事故発生率をゼロにはできないことを考えると、どっちかしか動かないようにするのは合理的ではある。

ただこれも問題がないわけではないようで、このことが原因で直接的に渋滞を起こすということ以外にも、渋滞を避けて裏道に入りこんでいく車が増え、より危険が増すという指摘もあるようだ。

そこで僕はもう一歩突っ込んで、道路の一方通行化もすすめてはどうかと思う。一方通行化することで車道を狭くすることができるし、その分で歩道を確保するという施策を講じればよいと考えている。

クルマが行き違いできないようにすると必然的に接触事故は減るだろうし、クルマに気をとられることはなくなり、歩行車や自転車利用者とクルマの分離をすすめれば人の安心感は

高まる。

また、別の問題が発生することも予測できるが、歩ける環境だけでなく休憩する場所と排せつする場所を整える空間を生み出せるわけで、生身の人間にとっては大事な外出要件を整えやすくなるのと、そのことによって人と人の関係性を築くきっかけを生みやすい。

栃木県の医療法人で事務長をしている友人と共感し合いながら、この話でえらい盛り上がったことを思い出したが、偉そうなことを言わせてもらえば、政治家や官僚たちにこれからの国づくりで真面目・真剣に議論してもらいたいことのひとつである。

大阪の町が御堂筋など幹線道路まで含めて一方通行化をしたときには大人たちにとまどいもあったようだが、今ではそれも当たり前になって馴染んでおり、それを前提に行動するから大きな問題もないと地元のタクシー運転手に聞いたことがある。案外に生むが易しなのかもしれない（よそから来ると慣れがないからたいへんなようだが）。

どこの街でも車中心の町づくりになっているため、僕らでさえ歩いていると危険を感じる道に出会うが、高齢者や子どもにとっては危険だらけだ。

車が大きくなるにつれ道幅も広がり、交通量が増えることで車線が増え道路が拡幅され、道路を横断するのに時間がかかるようになった現代日本。僕でもうかうかしていると渡りきれずクラクションを鳴らされる時があるが、加齢とともに能力の下がった高齢者や障害をもった人ではとうてい渡りきれないだろうと思われる個所はたくさんある。かといって中間地点に安全地帯もないから、怖ろしい。

いくら建物の中をバリア・フリー構造にしてリスク管理しても、町の中がリスクだらけのバリア社会になっていては、バリア・フリーが意味する「障壁のない社会バリア・フリー・ワールド」を目指しているとはいえない。

歩車分離式信号が導入されたのは1972年で、発祥の地は愛知県。その場所は名古屋市役所北交差点だそうだが、当時の高齢化率は7%超。誰もが高齢者に目も向けなかった時代であり、住宅の高層化、地下都市化、鉄道の高架化、道路の拡幅化、市場の大型化、移動手段の自動化（自動車）などなど、平面から立面へ、人力から機械化へと社会（街づくり）を転換している真っ最中であり、まさに「活動性の高い日本人」の時代だった。

それが、気づけば狭い所にわんさかと人や車が集まりだし、空気や水の汚染、ゴミ、移動を阻む立面社会など、豊かさを求めたはずだったのに、とんでもない社会に突入してしまった。そこから思い直して一つひとつのパーツを取り換え改善してきたのだが、やっぱりパッチワーク社会の域を出ていないから、建物はバリア・フリー構造になっても町の中はバリアだらけというありさまで、高齢者の「閉じこもり」が社会的な課題にさえなっている。

70年代では人々の車指向が強すぎて、早すぎた歩車分離の考え方だったかもしれないが、今や高齢化率は22%（国民全体の5人に1人以上が65歳）、介護保険を利用している人が500万人（国民全体の25人に1人が要介護状態）、認知症と診断された人が260万人（国民全体の50人に1人）に達する「活動性が下がってきつつある・下がってきた・下がった日本人」の時代だ。

自分がドライバーの時は、スクランブル交差点や一方通行・歩行者や自転車・モミジマークの高齢者運転などにイライラし、自分が歩行者の時は車優先社会にイライラする身勝手な僕だが、僕が認知症になったことをシミュレーションし婆さんの側から物事を思考するように、自分を戒めてこの社会を考察すると、この国は決して人間を中心とした人間本位の街づくりができていないと思うし、一つひとつのパーツは世界で超一流のレベルを誇れても、そのパーツで構成される街全体を組みつける総合力がないためにバラバラの街づくりがされているようで、もったいなく歯がゆく感じている。

自分の意思をさっさと行動に移しやりとげることができる活動性の高い人間中心の街づくりをすすめる時代はもう過去のもので、僕の国鉄時代の大先輩がよく口にしていた「障害者にやさしい街は健常者にもやさしい」という言葉に表わされているように、「自分の意思を行動に移しやり遂げることに時間がかかってもいいじゃないか社会」に転換していくことで、世界ナンバーワン高齢者社会日本が世界に発信していく「先進人間長寿社会学やそれぞれの領域における先進術」（和田が勝手に言っている学や術）があるのではないだろうか。

地元愛知県の試みだけでなく、全国各地の試みに関心をもっていきたいし、もっと言えば、そういう街づくりに自分も関与できたら面白いやろなと夢見ている。どっかで挑まないかなぁー、誰かチャンスくれないかなぁー、和田行男は面白いと思うけどなぁー（ハハハ）。

誇り

和田さんはなぜ国鉄（日本国有鉄道「ＪＮＲ」）がＪＲになっときに辞めてしまったんですか。鉄道が好きで国鉄に入ったのなら、ＪＲになったって鉄道に従事することに変わりはないと思うのですが…。

こういった質問を、行政の人や研修会後の懇親会でよく受けるのだが、僕にとっては国鉄で鉄道に従事するのと、ＪＲで鉄道に従事するのでは意味合いがまったく違う。それは誰にもわからない、誰もがもつ「自分の中の誇り」なのだ。

僕は子どもの頃から鉄道が大好きで、小学生の頃から国鉄マンになりたいと思い始め、高校進学は勉強がしたいからではなく、国鉄に入るためであった。でも鉄道が大好きだから、どこでもよいから鉄道関係に従事したいと思ったのではなく、日本国有鉄道で鉄道の仕事がしたかったのである。

生意気な言い方だが、民間会社の鉄道業が限られた地域に限定されているのに対し、国鉄は当時、沖縄を除く日本全国に鉄路を張り巡らし、一本のレールで結ばれていた、まさに国民の財産であり、国民のためにあると思っていたからだ。カッコよく言えば、会社のためではなく、国民のために仕事をして国民から給料をもらう鉄道従事者になりたかったのだ。だから国鉄以外の鉄道屋に行く気はさらさらなかったし、落っこちても落っこちても国鉄に入ることを目指そうと思っていたほど、ぼくにとって国民のための鉄道屋「国鉄」で仕事をすることは「誇り」だったのだ（憧れではありません）。

国鉄に入ってからは日常に流されて、そんな思いもどっかに吹っ飛び漫然と過ごしていたが、国鉄が民営化されると知ってからは、最後までそれに抵抗していこう！　と本気で思った。でも抵抗しきれずに民営化されたら退職すると決めたのは、そんな「自分の誇り」を捨ててまで残ろうとは思えなかったし、その誇りに匹敵するような残ることへの意味を見出せなかったからだ。

霞が関で仕事をする国家公務員の人に同じ質問を受けたときに、逆に聞いてみた「どこでも公務員ならよかったんですか？」って。やっぱり僕と同じように「国全体のことを考える国家公務員になりたかった」って言ってた。さらに「誇りはありますか？」って聞いたら、照れながらも「あります」って答えてくれた（嬉しいねェ）。

仕事がないからお金をもらえるなら何でもいいから「介護」に入ってきた人と、何が何でも「介護」にきた人とでは、おのずと違うだろう。それは芸能芸術としてストリッパーに挑んできた人と稼ぎとして踊りにきた人の違いに通じるかもしれない。

でも入り口はどうあれ、どんな人であれ、誇りをかけてとりかかりだしたら結果は違ってくるはずだ（映画で見た「花魁」もそうだった）。逆に入り口に「誇り」をもっても、僕が国鉄に「誇り」を感じきれなかったように、誇りを感じられるような環境や実務（仕事）がなければ、誇りに埃が積もり、輝きを失うだけである。

誇り…誇りとは何か。

学生の頃国鉄で働くことを誇りに思ったこと＝国民の鉄道屋の意味は。その意味がなぜ自分にとって誇りになったのか。いったい誇りとは何か。誇りの寿命…国鉄が国民の鉄道屋だなんて嘘っぱちだったことを知ることになるが、それでめげて誇りを失うのではなく、だからこそ国民の鉄道屋にせなあかんと闘志が湧き、その闘志こそが最初に思い描いた「誇り」であったわけだが、誇りは再構築できるし再生可能だということか。

僕はいま、自分の仕事に誇りを感じているし、「誇りをもっている」と人様に誇れるが、それは本質的に誇れる仕事なのに誇りを感じられない状況にあったとしても、だからこそ誇れるように変えていこうと思えるほどに誇りがもてているということでもある。いままた、みんなからの質問を受けて、「誇り」を時間かけて探ってみようと思った。

変わってきたか

ある人が僕に「認知症の世界は変わった?」って聞いてきたから「変わったと思うで」って答えたら、「そうかな、変わってないのでは」と言う。でも僕から見れば「そういうあなたが変わったやんか」と言いたくなる。

認知症という状態にある人を痴呆老人と呼び、患者と呼び、脳が壊れることによって引き起こされるさまざまな当たり前のことを問題行動としてとらえ・語っていた自分自身が変わったことを棚に置いて、「変わっていない」というとらえ方をしているとしたら、世の中の見方を見誤ることだろう。

ともすると、すがた・かたちや周りばかりに気をとられてしまいがちだが、まずは自分が変わったと言える人を増やしていくことが大事ではないか。自分が自分を評価して「変わった」というなら、自分だけみれば100%変わったということである。かくゆう僕も、その一歩から始まったのだ。

僕は研修会や講演会を通じて「自分の考え方やとらえ方が変わった」と言う人にたくさん

出会ってきた。何百万人という大勢が認知症にかかわっていることからみれば小さな変化かもしれないが、変わったという人は他人に語ることが変わるわけで、その流れがやがては大きな変化をもたらすことになるだろう。

１００人の受講生に語ることで、語る自分に１つの積み上げができ、聞いてくれた１００人の受講生のうち１人でも「変わった」と言える人が出てきてくれることを願っているのは、そう、婆さんなのだ。

婆さんの生きる姿が変わっていけるように、まずは支援者である自分が変わってきたかどうかを見つめてみようではないか。

初出
介護・福祉の応援サイト『けあサポ』「和田行男の婆さんとともに」
2007年9月〜2010年1月掲載分をもとに加筆・再構成。順不同

フロク◆◆◆

一度聞いたら「言葉の虜」。

和田行男語録

婆さん

２００４年に、痴呆症が認知症へと呼称変更されるまで、痴呆という状態にある人たちは「痴呆老人」とか「痴呆性高齢者」と呼ばれていたが、１９８７年に僕がこの世界に入ってしばらくの間は「ボケ老人」と「痴呆老人」はほぼ同義語のように使われていた。

関西で育っている僕にとって「ボケ」という言葉は、「ほんま、ボケてんのと、ちゃうか」とか「ボケぬかすな」というように、日常会話の中でふつうに年齢や状態に関係なく誰に対しても情を以《も》って使っていた言葉なので、この世界に入ってきて「ボケ」と「痴呆」が同義語のように使われることに、ものすごい違和感があった。

どうにもすっきりしないまま時間が過ぎたが、１９９４年頃からデイサービス利用者の家族たちの前で話すようになったので、痴呆という言葉をあれこれ調べた。

すると専門書には「病態を表わす意味」が書かれていたので、ボケとは違うということがわかってすっきりしたのだが、国語辞典には、痴呆には二つの意味があり、ひとつは病態を表わす意味、もうひとつは「ばかげたことをする人」と書いてあったから驚いた。

確かに痴呆の痴は「白痴」と使っていたし、痴呆の呆は「阿呆」と使うことを考えれば「ばか」と「あほ」の最強コンビが痴呆ということになり、痴呆老人とは「ばかげたことをする年老いた人」ということになる。もっといえば、若年性だと「痴呆人」だ。

僕は「高齢者には尊敬の念をもって」など、違う角度から高齢者を選別した見方とは無縁なので、痴呆の意味を知ったからといって、その角度から「高齢者に失礼」だなんていう風には思わなかったが、それよりも、単に呼称の問題ではなく、「自分ができることも奪われている」「自分の意思を行動に移すことに制限を受ける」「何を食べるか・どこに住むか・この時間をどう過ごすかなど、自分の人生から選択肢を剥奪《はくだつ》され、選択権を奪われている」といった置かれている現状や、「痴呆老人とのコミニュケーション方法」「痴呆老人とのかかわり方」など氾濫しつつあったマニュアル思考から、痴呆という状態にある人たちは社会的に「ばかげたことをする人扱い」されているのは間違いなく、それが大問題だと思った。

「和田さん、あなたはひどい人ですね。私の大事な・大事なだんな様のことを婆さんと呼ぶなんて。でもあなたの話を聞き、最初は怒り心頭だったけど、最後まで話を聞かせてもらってわかりました。あなた、口は悪いけど、心底だんな様の代弁者です。ぜひ頑張って世の中を変えてください。応援します。」

ある講演会が終わった後、50歳代のアルツハイマー病を患うだんな様と来ていた40歳代の奥様が僕に駆け寄ってきて励ましてくれた。

痴呆老人・痴呆性高齢者・認知症の人、いずれも「人」が「状態」の後にくっついている。和田さんは認知症になったからといって「認知症の和田さん」になるのではなく、和田さんが認知症という状態にあるにしかすぎないのにだ。

僕は今でも「認知症の人」とは呼べない。でも総称してどのように呼んでいいのかわからない。医療の世界では「がんの患者さん」「認知症の患者さん」なんて呼んでいるが、医療からみれば「がん」も「認知症」も「虫歯」も同じであり「患った人＝患者」ということなのだろう。だから医者は名前がわからない僕のことを「あなた、患者さんですか」と聞いてくる。僕は認知症という状態になった人に対して「あなた、認知症の人ですか」とは言えない。研修会でも、どう呼んでいいのかわからず「痴呆という状態にある人」なんて言っていたが、どうにもスッキリしない。

そこで日常的に使っていた「婆さん」という言葉に置き換えて使ってみたところ、ふだんかかわっている人たちのことがリアルに頭の中に描け、聞いてくれていた人からも「具体的でわかりやすかった」なんて感想をいただけたので、それ以降は認知症という状態にある人たちの総称として婆さんを使わせてもらっている。

婆さんと呼ぶ僕に対して、これまでにもたくさんの反論をいただいたし、「不愉快だ」といった批判をいただいたこともある。

認知症のことを語るときは「認知症」で、認知症という状態にある人を語るときは「婆さん」と表現するのが、僕にとっては他のどの表現よりも「人としてまるごと表現できる」のである。

この本に出てくる「婆さん」とは、年齢や性別に関係なく認知症という状態にある人たちの総称であり、少なくとも今の和田にとっては「婆さん以外に道はなし」である。お許しを。

響き合わせ

2003年発行の著書『大逆転の痴呆ケア』で、「響き・響き合わせ・響き合い」と書かせてもらったが、その後の研修会等でその言葉を使うことはほとんどなかった。本に書いてからは余計に意識して使わなくなったともいえる。

その理由は、これらの言葉は、和田が他人と関係性を構築する際の自分の内面の働きを言葉に置き換えて表現したもので、これが「方法論」的に使用されるのを嫌ったからだ。よく「認知症の人とのコミュニケーション方法」なんていう講義が開かれるが、僕は子どもができるにあたって「赤ちゃんとのコミュニケーション方法」という講義など受けたことがない。

僕には「赤ちゃんからの伝達」はわからない。だから「泣き声」「動き」など赤ちゃんから発信される極めて少ない情報から察して、「おなかがすいている?」「おしっこ?」「遊んでほしいのかな」なんて「これやったんや!」とつかめるまで試行錯誤を繰り返し、赤ちゃんに応えてきた。

つまり、赤ちゃんは周りにいるかいないかわからない「自分を支援してくれる・くれるであろう者」に対して、自分の内面にあること・もの（これを和田は「響き」と呼んでいる）を、

「泣く・泣かない、動く・動かない、出す・出さない」などにより表現する（これを和田は「響き合わせ」と呼んでいる）のだが、いくら表現しても自分以外の者と響き合えるかは、自分以外の者にかかっているということである。

いくら赤ん坊が響き合わせてきても、僕が赤ん坊と響き合わせようとしなければ響き合うことはない。だから一生懸命響き合えるように、僕のほうが努力する。

こんなことは僕らの周りにごろごろ転がっている。というよりもそればっかりなのだ。そのことに気づけば、その人のことや認知症のことを知らなくても、響き合えるように力を尽くせば、なんとなくも含めて「わかる」「わかる気がする」ことは可能で、その人のことを、認知症のことを知っていれば「響き合いやすい」というだけのことでもある。

難しい専門的な知識や技法も悪くはないが、まずは人間として生きている自分自身が備えている「響き合わせる能力」を存分に発揮して、人間関係の構築に挑んではどうかというのが僕の考えである。

「響き」「響き合わせ」「響き合い」は言葉のマジックにしか過ぎず、そんな言葉に翻弄されるのではなく、相手がどんな人なのか、相手のことを「知りたい」と思う気持ちを一番大事にしてほしいと願うだけである。なぜなら、自分の中に相手のことを「知りたい」と思う気持ち（響き）がなければ、響き合うことはないからだ。

こんなことは誰でも知っている極めてふつうのことであるが、その能力が婆さん支援に生かされていないとしたら、もったいない限りだ。

僕の言葉は、人が、人と人の社会生活・日常生活の中で駆使しているふつうの知恵や能力を、和田さん流の言葉に置き換えて語っているだけであり、僕の言葉から婆さん支援をイメージしてもらえればそれにこしたことはなく、この言葉たちもお役に立てたということだ。

挑み

専門職の凄さは挑《いど》みにあると考えている。

先に宇宙から帰還した探査機「はやぶさ」も、百にいくらの可能性もないギリギリのところを専門職の挑みによって乗り越え帰還できたと聞いて感嘆した。

野球のイチロー選手はヒットを1本でも多く打つために、ユニクロの社長は1円でも安く1円でも高い価値のある品質をもった商品を消費者に届けられるように、荒川区で流行っている焼鳥屋の兄ちゃんは、安くて美味いと思ってもらえる焼き鳥を焼くために、その専門性を高めることに挑み、結果をあげようと尽力している。

僕らの生活は、こうした専門職のたゆみなき挑みによって日進月歩「より豊か」「より安全」「より快適」な生活となってきたわけで、僕ら自身も自分の専門性に対して挑みをもつことが社会的には当たり前のことである。

では、僕らの挑みとは何か。ある集まりで、市民から言われたことがある。

「急に身内に不幸があってショートステイを申し込んだ。空いているということだったが、面接を行わないと責任をもって預かれないからと断られた。どう思うか」

責任をもってというところに「受け付けないもっともらしさ」を滲ませているが、こんな自分たちの事情にそぐわない人を受け付けない連中だって、自分や自分の身内が急病になったときには、きっと初めての病院で初めての医師の手によって救ってもらうのだろうし、そのときに医師から「初めての患者は情報がないのでお断りです」なんて言われたら、「専門職のくせに」と怒り、たらいまわしにされたら社会問題にするかもしれない。

にもかかわらず、自分たちは平気で困っている国民に対して専門性を以って挑もうとしないとしたら、あとは淘汰されていくしかないだろう（でも行政から緊急保護などを依頼されると、まったく情報がなくても受け入れたりするから滑稽であるが）。そんな話はごろごろ転がっている。

もっともらしい理由を並べながら「うちのデイではもうみられません。うちのグループホームではもうみられません」と放り出す専門職たちがいるが、その向こう側で、他のデイサービスや他のグループホームを利用していたりする。どちらも国民からみれば、同じ介護保険事業者であり、同じ専門職のはずなのにである。

放り出された人たちを受けとめた事業所にスーパースターがいるわけはなく、何が違うのかを突き詰めれば、国民の負託に応えようと一生懸命さまざまに試みながら挑む事業者・事業所・専門職たちかそうでないかであり、この違いは国民にとっては重大な違いになる。

挑みは社会の推進力であり、国民にとって「よい挑み」も「よくない挑み」もあるが、「挑み」そのものはとても重要な、専門職のあるべき姿に向けた勢いであり、その勢いが社会を発展させていくのではないか。

僕も間違ったり失敗したりすることがあるが、これからも、認知症になっても、障害をもっても、障害をもって生まれてきても、国民の一員として国民生活を送ることができるように・一般的な姿で生きられる社会づくりへ、挑みを失わないように生きたい。

描き

僕は「描けないと成しえない」と考えているところがある。「ところがある」という曖昧な言い方になるのは、ハッキリ「ある」とは言い切れないからだ。

砂浜や雪だまりに行って、ぼんやりと砂や雪を集めていると、ある瞬間に脳に何かが現われることがある。それが城だったりライオンだったり車だったり、形あるものであれば、それを思い描いて砂や雪をその形に形成していくし、それが「好きだ」という気持ちならば、砂浜や雪原に「好きだ」なんて絵文字を書いたりする。それが僕の言う「描き」である。

婆さん支援も同じである。

たとえば、目の前の婆さんが車椅子に乗っていたとする。僕はその婆さんが車椅子に乗る前の姿を描きはじめ、ずっとその姿を突き詰めて描いていくと赤ん坊の頃に行き着き、「きっとこの婆さん、歩けるものなら死ぬまで歩きたいやろな。そう思って生きてきたんやろし」とまずは思い描く。

次の瞬間には「何で車椅子に乗ってるんやろ」という疑問が湧き、そうなると、あとは専門職として「知りたい」という職業病にかられてくる。

その疑問を解くために調べはじめ、車椅子の前は直立二足歩行をしていたとすると、次には「何で直立二足歩行ができなくなったんやろ」と疑問がわいてくる。

その疑問を解くために、歩行できない理由を知りたくなり調べる。調べて「歩行への復帰は無理」という結論に至らなければ、「歩行を取り戻すためにどうしたらいいか」と思考し、試行錯誤を始める。必要ならば専門職の手も借りる。

つまり「歩行は無理」という状態でなければ、歩行できる姿を描いて、それを取り戻すことへ向かうということだが、僕が車椅子に乗っている姿を固定視してしまう人間だったら、こうした一連の描きはまったくなく、その人は「歩行の能力を失っていない」にもかかわらず「歩けない人」と固定してしまい、しまいには歩行能力をも失わせてしまうのだ。

僕が素人なら致し方ないと思えるが、国民に信頼されてそれで飯を食わせてもらっているプロとして、何も描くこともなくスルーしたのでは、国民に対して申し訳が立たない。

すべてのことがそうで、「なぜ生活の場といわれる特養で、自分の能力を自分が生きるために使う仕組みになっていないのだろうか」なんていう疑問も、能力を使って生きる姿が一般的な人の生きる姿だと描いているからで、その一般的な姿を取り戻すために支援があると考えているからだ。

また、可能な限り施設を施錠しないのも、他人によって閉じ込められないのが人の生きる一般的な姿だからで、そう描くからこそ、閉じ込めないで行方不明にならないようにどうしたらよいかを描けることができ、描けるからこそ手立てを模索できるのだ。

かつては認知症のことがわからず、どうしていいか描けず、「閉じ込める・縛りつける・クスリで抑える」など、今思えば人としてひどい状態に追いやっていた。でも専門職が「わからない・描けない」時代であったからしようがない。

僕らは、自分がどう思おうがプロの職人である。婆さんの側に立って、素人には描けないものの見方・考え方・支援の術を駆使して生活を支えるのが仕事であり、それは「描くこと」から始まるのである。ただし「描きよう」が大事なのだが。

✦✦✦

生活歴マニア

ふと疑問をもつ。人権尊重、尊厳の保持、プライバシーを守る、個人情報保護などの言葉が業界を席巻しているが、「自分が出会ったこともない人たちが、自分が喋ったわけでもないのに、自分のことを知っている」というこの業界の常識は、犯罪ではないかと。

そう言うと「その人のことをまずは知らないと支援できないではないか」なんてうそぶく人がいるが、果たしてそうだろうか。

僕らの人間関係は、まったく知らない者同士のスタートである。知らないから、知りたいことは聞く。本人に無断で勝手に調べることはほとんどない。まれに探偵や興信所を使って本人に無断で調べあげる人がいるが、ことの良し悪しはどうあれ、勝手に調べあげられたら怒るし、犯罪として摘発するだろう。

婆さんが怒らないことをいいことに「婆さんのためになること」を言い訳にして、探偵ごっこのように調べあげる「生活歴マニア」を放置しておいていいのだろうか。

しかも土足で人の中に入り「○○さん、息子さんは元気ですか?」なんて調子のいいことを言って「何で私に息子がいることを知ってるのよ」と興奮気味に婆さんから反撃を食らっても、そのことの意味が理解できず「不穏」などと被害者を加害者に仕立てあげるヤツまでいるから始末が悪い。

婆さんと知り合ってから知っていけばいい情報や、あとで使うことなんてほとんどない情報まで集めまくる生活歴マニア。

僕は「知る」ことは大切なことだと言っているし、本人に無断で調べあげないといけないことがあることも承知しているが、「生活履歴情報先にありき」には反対で、むしろ専門職の姿勢としては「何の情報がなくても婆さんと向き合える」ぐらいの専門性をもつべきだと考えている。

そう考えないと「面接を終えないと利用できません」なんてまともそうな詭弁を振りまき、困っている国民に即応しようとしないデイサービスやショートステイを容認することになってしまう。

子どもの様子がおかしいときに「すぐに連れて来なさい」と言って治療してくれた医者は、僕の子どもとは初対面だった。僕の車を見たことも触ったこともないのに、車の調子がおかしいときに電話したら「すぐ行きますから」と言ってくれた修理工には助かった。

どんな客かわからないのに乗せてくれるタクシー、食べさせてくれるシェフ、快く招いてくれるミッキーたち。どの業界でも履歴にこだわらないプロがいて、そのプロのおかげで救われている人や喜んでいる人がたくさんいる。僕もそのうちの一人である。

僕も困っている国民に対して「今すぐに連れておいで」って言える専門職でありたいし、情報がなくとも「大丈夫」と言ってかかわりをもつことができる専門性を身につけるマニアを目指したい。

一般的な姿

今の僕の姿をどう言葉で表現したらいいのか僕にはわからない。「ふつうの姿」というと、脳が壊れた婆さんは「ふつうじゃない姿にある」と表現するのと同義となるからやっかい。

そこで今のところいきついたのが「一般的な姿」という言い方だ。

一般的とは、辞書には「広く全体を取り上げるさま。広く行き渡っているさま」とある。それを和田流に解釈すると「共通するさま」であり、「共通するさま（姿）＝一般的な姿」と置き換えられ、一般的という言葉は誰もにわかりやすい「ものさし」になり得ると考えたので使っている。

多くの人と共有していく際、共通の「ものさし」がないと、共感はできても共有化が難しいと考えているからであるが、「一般的な姿」がその役割を果たせるかどうかは疑問ではある。もっといい言葉があればすぐにそっちを使うのだが、なかなかピンとくる言葉に出会えないのだ。

あるシンポジウムでこんな議論があった。

『和田さんはグループホームの入居者に何を食べるか聞いているようだが、僕は聞かれたくない。だから自分のところでは入居者に聞かないで職員が献立を決めている』と暗に僕の実践を疑問視され、否定された。実際そういう考えに基づいてグループホームでも献立を職員側が決めているところはたくさんあるだろう。こうした議論をするときの「僕の頭の中の整理」を文章にすると次のようになる。

この人の話は特別な話ではなく、この業界では一般的な意見としてよく聞く。でもこの人の話は、支援者であるこの人の「聞かれたくない」という意思・考えがものさしになっており、広く国民全体の共通を取り上げてはいるとは言いがたい。

国民の基本的な姿は「食べるものに自分の意思を反映させる」であり、それが「国民に広く行きわたっているさま」で、そのことが認知症などによって自発的に表現できなくなるのだから、「さま」を取り戻すために、その人の意思を引き出すために聞くというのは当たり前のことだ。

その仕事をする専門職が自分の意思や考えに基づいて、何を食べたいかを聞かない・食べたいものを表現する機会を奪うのは、認知症などによって一般的な姿でなくなった人の一般的でない姿を固定化することに他ならず、「国民に広く行きわたっているさま」から遠ざけてしまうだけである。

僕の言うことも自分の意思・考えではあるが、僕の言っていることのほうが広く国民に共通するさまを語っており、一般的なものの見方・考え方に基づいているのではないか。

今はまだこの業界の中で少数ではあるが、国民の基本的な姿から発信していることであり、僕の言うことのほうが一般化されてくるだろう。

と整理するので、「レッツゴー！　論破せよ！」というようなお調子になるのだが、こういうときに「一般的な姿」という言葉以外に適切と思える言葉に出会えていないということだ。いい言葉があったら誰か紹介してください。

社会の到達点

僕が子どもの頃の冷蔵庫は、氷を買ってきてその氷を冷蔵庫の上段に入れて、その冷気で冷やすものだった（今でも我が家にはありますが）。その昔は、口を減らすために高齢者を山に置き去りにする「姥捨て」や、人を殺すことさえ日常茶飯事だったなど、今思えばとんでもない時代があった。

この社会のすべてのことが、時間（とき）とともに人々とともに築かれ、破壊され、復興され、整備され、成熟され移り変わっていくが、僕はそれが「社会の到達点」だと考えている。社会の到達点は自分の到達点とは違って知らないことだらけであり、到達点は時とともにどんどん変化するために把握しにくい。だから、その時々の知らない到達点に出会うと驚くばかりである。身近には端末機器なんかがそうで、「そんなこともできるんや」と、人間の描き力と、描きを実現する技術力の到達点に感心しきってしまう。

僕らの業界も同じだ。この国の「支援」に関する到達点もどんどん変わってきている。変わってきているというよりも、より国民生活を取り戻す方向へ「真っ当化」してきているといったほうが適切だろう。

認知症によって何をしでかすかわからない＝しでかされたら支援する者が手間隙かかる＝支援する側にとっては問題となる。だから「自分の意思を行動に移せないようにする」「縛る、閉じ込める、同じにする」といった、書けばきりがないほど出てくる異様なことさえ平気に、普通に、それが「認知症ケアの最先端」だと言わんばかりに行われていた時代があった。

認知症によって何をしでかすかわからないことは今も昔も変わりはないが、「縛る、閉じ込める、同じにする」は「抑制しない、行動制限は限定的、個別」へと変わってきた。それが社会の到達点の変化である。

社会の到達点を決定づけるのはその時々を生きる人間であり、その人間はその時々によってのみ決めるのではなく、過去の到達点を踏まえて積み上げていく。

僕も、僕の先輩たちが婆さんを閉じ込めてきたからこそ、閉じ込めないようにしなければと思えたし、そう思えたのは、僕自身が閉じ込められた社会の中で生きてこなかったからに他ならない。

僕が「何を食べる?」って婆さんに聞くのは、僕自身がたくさんの選択肢の中から選択権を行使する＝自分の意思を反映させることを許される社会で育ってきたからである。いや、もっと深めれば、与えられたもの・あるものを食って生きるしかない子ども時代を経て、食べるものを自分で選択できることのすばらしさを知っているからだ。

今の社会の到達点を享受している僕らが、前近代史的到達点に婆さんを追いやっているとしたら、それは社会の到達点に対して婆さん支援の到達点が低いということであり、それはある意味、社会的な「虐待」に他ならないと気づくべきだ。

見ず知らずの人とカーテン越しに暮らすなんて考えもしない人間が、「特別養護老人ホームの個室化はお金がなくて入居できない人がいる、だから多床室（雑居部屋）が必要だ」なんて主張する。「所得に関係なく個室に入れるようにせよ！」と騒ぐのが社会福祉法人の社会的使命のはずだ。

社会の到達点からみれば、婆さん支援はかなり遅れていることに気づくべきである。

手だて

手だてを辞書で調べると「目的を達成するための方法・手段」とある。僕は婆さんを支援するにあたり、よく言われるアセスメント（評価）やケアプラン（介護計画）という言葉を使わず、「見極め」とか「手だて」という日常生活の中にある言葉を使っている。

その理由は、それほど大きな意味はないが、人が何らかの状態（要介護認定でいえば要支援・要介護状態）になって、その人を福祉のシステムに組み込んだ途端、それまでの生活では無縁だった言葉の中に人を閉じ込めて思考し表現することに、ものすごい違和感をもっているからだ。

親が2歳の子どもを公園に連れて行って遊ばせるときと浜辺で遊ばせるときでは、子どもへの手だてのとり方が違うはずで、公園では「見守り」でも、浜辺では「付き添い」「抱える＝抑制する」となるだろう。交通量のほとんどない通りでは手を離しても、交通量の多い大通りに出れば子どもの手を引くだろう。

それは大人が子どもの置かれている環境と子どもの能力を見極め、その結果として「見守る」「付き添う」「手を引く」「抑制する」といった手だてをとるということだが、大人として親として、子どもの能力と置かれている環境情報を見極めて手だてをとっているに過ぎず、それは特別なことではなく一般的なことで、学問に裏づけられたものではなく、伝承されたわけでもないが、子どもよりは大人の脳をもつ大人として、子どもを護ろうとする親として、そういう思考と行動をとるということだろう。

婆さんに対しても同じで、婆さんの能力（心身の状態等）や置かれている環境などの情報から、婆さんの行動に対して、何が・どれだけ・いつ、手だてとして必要かを見極め、その時々に応じた手だてを講じていくということが必要なことだが、その能力は婆さんを支えることを職業とする世代の人には、すでに備わっているはずである。もちろん個人差はあるが、少し経験を積めば、婆さんに対してどれほど真剣になるかぐらいの差しかないだろう。ただ、その真剣さの度合いは大きな差となるが。

また、人は変化する生き物であり、認知症は進行性である。そのときどきに手だてを講じることが必要となるのはいうまでもないが、それが変化するということだ。

ある婆さんは、四六時中「夫を5年間看た」と言っていた。ところが2年後、急に「旦那が待っているから帰らせていただきます」と言うのだ。夫が生き返ったのである。支援者は、そのときまで「看取った」ということへのアセスメントができており、それへの対応策＝ケアプランはあったので順調に応じていられたが、そう言った瞬間、アセスメントもなく「生き返った」ことへのケアプランがないということになる。

そのときは、「プランがないから待ってて」なんていうことはなく、そのときにあわせて、支援者によってさまざまに手だてをとることだろう。それが瞬間を処理して生きている人間の能力であり、それも過去に同様の処理したことがなければ戸惑いをもつのは当然で、経験を積めば思考（視野）も広がり、手だての量も質も大きく変わってくることだろう。

どんな仕事でも同じで、手だてが「上手になる」ということだが、人を相手にした仕事で、相手に対してケアプランと呼んでかかわる仕事は他にあるのだろうか。どこか専門職っぽい言い方だが、人が生きていく中で積み上げていく能力と切り離して思考させているところに違和感がある。

あとがき

「わださん、よく書いてるねぇ」とは、『大逆転の痴呆ケア』で僕に本を書くことを勧め、書けない・書かない僕に苦労した友人・宮崎和加子さん（看護介護政策研究所所長）の言葉です。

確かに、「けあサポ」のブログは、ときどきスルーしたくなるし、脳がストップしますが、読むこと・書くことが苦手な僕にしては、よく続いています。

それもこれも「月曜日だからと思って開いても火曜日になることが多いから、火曜日に見るようにしています。」「実はコメントしたことがあります。」「毎週ではありませんが、まとめてみていますよ。」と全国各地で肯定・否定しながら応援してくれる読者、僕に書かせてくれている中央法規出版の編集者・平林敦史さんがいればこそ。心より感謝します。ありがとう。

この仕事を始めて23年が経ちました。23年間を振り返って想うことはいっぱいありますが、何と言っても「認知症になっても国民であることに変わりはなく、国民は誰もが持てる力の限り主体的に生きており、認知症になっても普遍である」という思想が広まってきたことを嬉しく思っています。

認知症という状態になると、国民生活・住民生活とは程遠い生活の姿に追いやることしか描けなかった時代から、認知症があっても国民生活・住民生活にほど近い生活の姿で生きられるように応援しようという考え方や実践が広まってきたことは、当たり前のことなのですが、当たり前のことさえも当たり前じゃなかった時代からみれば画期的なことなのです。

認知症という状態になっても人として生きていけるように応援しよう！　という考え方は古くからあり、人権や尊厳を言葉で語る人もいたでしょうが、それを具体的な日常生活で生きる姿にして現わせるようになったのは最近のことではないでしょうか。

例えば、認知症という状態になり自宅での生活を諦めざるを得なくなった人が24時間入居型施設に移って、介護（・保護）を受ける姿はあっても、支援を受けて能力に応じて日常生活を主体的に営む姿にまでは行きつけていなかったように思います。

包丁を使って調理している姿、四つん這いになって廊下の拭き掃除をしている姿、23時頃でもリビングでテレビを見て過ごす姿、町内会の会合に出ている姿、町内の美化運動で空き缶拾いをしている姿、町を闊歩する姿、行きつけの美容院でパーマネントする姿、自分の意思を献立に反映する姿、ウインドーショッピングする姿、夜の街を歩く姿、居酒屋で酒を飲み歌っている姿、自動券売機で切符を買い電車やバスで出かける姿、嫌なことに腹を立てるなど喜怒哀楽する姿、積極的・消極的な姿。そんなこんな姿はどこでも見られる国民生活や住民生活を営む人の姿で、誰もが認知症になる前にもっていた姿です。

こんな当たり前の姿を失っていくのが認知症であり、認知症にあってもその姿を取り戻すのがリハビリテーションであり、その担い手が僕らで、僕らがかかわったことで取り戻せたと言ってもらえて普通であり、失ったままでは僕らの存在価値が疑われるというものです。開花とは辞書によると「草木の花が咲くこと」「物事が盛んになること。また、成果が現れること」とあります。

婆さん支援はまだまだ途上であり道険しですが、開花へ機関車の如し尽力していく所存です。これからもおつき合いいいただければ幸いです。

平成22年9月✦著者

写真

オーストリア・パッフィンビリー✦表紙
客車の窓枠から足を放り出して乗ることができ、子どもたちばかりでなく大人も大いに愉しんでいた。
こうした経験からヒトとして大切なことを学ぶのでは

貴生川✦25頁
たぬきの焼き物で有名な信楽までの支線。鉄橋を渡る機関車に木が加わると、また違って見える。婆さん支援の極意だ

士幌✦43頁
汽車が目前を通過し眺めていられるのは数分間だが、この場所までは駅から数時間歩く。
何事もプロセスが大事なのか、こういうショットはよーく覚えている

木曽✦55頁
木材を運び出す森林鉄道で、かつて活躍していたボールドウィンという小さな機関車。
森林鉄道が廃線となるこの日、職員たちの手で見事によみがえった。集まった誰もが、ニコニコと涙を流していた

ブルートレイン✦65頁
夜行寝台特急はあこがれの的だったが〝より速く〟に押されて風前の灯である。
一つひとつのことにもっと時間をかけていた時代のよさまで消えかけているのは残念でならない

夕張✦75頁
見も知らぬ僕を自宅に招いてもてなしてくれた炭鉱街の人たち。北海道の冬の思い出は〝あったかい〟だった

美幌✦81頁
機関車の後ろにくっついているのは、車掌が乗る車掌車。これに乗せてもらって移動したこともあった。のでかでいいねぇ

大阪市矢田✦91頁
大和川の土手。子どもの頃はこの池でよく遊んだ。団地、銭湯、低い町並みの向こうに大阪城が見え隠れしていた

油須原✦105頁
石炭をたっぷり積んだ貨車を引っ張るのは、大正生まれの機関車。筑豊はどの町も煙モコモコで、活気に溢れていた

阿蘇✦115頁
貨物車と客車をまじえた列車を混合列車と呼ぶが、実にのんびりした風景になる。
この写真はいつも〝もっとゆっくり歩けば〟って声をかけてくれる

長門✦121頁
この頃の山陰地方の海はすばらしくきれいだった。
海辺で磯遊びをしながら汽車を待っていたが、つい夢中になって撮り忘れたことも

霧島神宮◆133頁
通り過ぎた汽車をふと振り返ると、また違った表情を見せてくれた。人生訓です

貝島◆149頁
アメリカからやってきた1919年に生まれた小さな〝アルコ〟という機関車。
古老だが、職人たちの仕事により、たくさんの貨車を引いて1976年までがんばっていた

志布志◆159頁
もう廃線になった志布志線には、好きでよく出かけた。
ちっちゃいC11という機関車がエンヤコラサッサと仕事をするさまは、とっても美しかった

糠平◆173頁
湖が全面凍結するのにはおどろいたが、僕の鼻毛が凍るのにはもっとおどろいた。
丸1日かけてこの1本の電車を待つバカさには、道産子がおどろいていた

常紋◆183頁
この峠の思い出は、夜中の貨物列車を引く機関車にのせてもらったこと。
今では考えられないが、石炭をくべることまで体験！　超感動の峠越えだった

大堂津◆189頁
鉄橋の向こうに見える岩は、どこから見ても実際より1つ少なくしか見えない。
あやかって学校をさぼって来たが、いないことは見えたみたいでばれた

喜々津◆193頁
今は新線に移ったので、この景色は見られなくなった。
日本には風光明媚な処がいっぱいあったのに、〝便利〟の名のもと切り捨てられるが、もったいない限りだ

宮古◆201頁
汽車に線路補修のための工員が乗っかって移動している。
今なら「リスク管理がなっていない」と言われるが、この時代の〝のんびりさ〟は貴重だと思うけどなぁ

職人◆222頁
鉄の塊である機関車を生かすも殺すも職人の技。
すすだらけではいい仕事ができず、すすを落とす職人たち。いい仕事して国民に応えます

讃岐◆225頁
1台よりも2台のほうが力が湧く。こいつは油をたいて走るディーゼル機関車。
今日は特別な列車を任され、堂々と疾走！

和田行男
介護福祉士
[わだゆきお]

1955年高知県に生まれ、高校卒業後の74年、憧れの国鉄に入職したが、
「国鉄マンに憧れたのであって鉄道屋ならJRでも何でもよいわけじゃない!」と民営化を機に退職。
国鉄時代に組合活動を通じて
「障害者の列車の旅の運動(フレンドシップ・トレインひまわり号)」に携わっていたことがきっかけで
福祉の世界へ転職。
87年より、特別養護老人ホーム、デイサービス、老人保健施設、デイケアで
介護職員・相談員、グループホームで施設長に携わった後、2003年4月より㈱大起エンゼルヘルプに入社。
グループホーム9・特定施設2・小規模多機能型居宅介護2・デイサービス5・認知症対応型デイサービス1・
基準該当ショートステイ2の事業を担当するクオリティー・マネジャーを努めている。が、務まってはいない。
今まで生きてきて一番続いているのは「いのち55年」、二番「クルマ34年」、三番「この仕事23年」。
趣味は「和田行男」「クルマ」「この仕事」で、いずれも趣があって味わいがあり没頭中。
内向的な性格で人見知りから、クラブは手芸・模型・陸上、好きなことは旅・登山・自転車・クルマなど、
学生時代から〝独りごと〟ばかりに夢中になる。
チームプレーは大の苦手だが、決して一人では生きていけないさびしがりやと他人は言う。
子どもの頃からあがり症(緊張症)で、人前に出るのは自分にとって死ぬほど大変なことだが、
人前に立ってしまうと何故か燃えてくるなど、自分の中の何人もの自分とつき合うのに苦心している。
自分は短命を信じて段取りをつけながら生きているが、
周りからは百まで生きると言われ、そのギャップに心を痛めている。
2003年に書き下ろした『大逆転の痴呆ケア』が大ブレイク。
介護・福祉の応援サイト「けあサポ」[http://www.caresapo.jp]のブログ「和田行男の婆さんとともに」も好評。
本作は『認知症になる僕たちへ』に続く、同ブログから産まれた書籍第二弾となる。